Dos soledades

Gabriel García Márquez
Mario Vargas Llosa

Dos soledades

Un diálogo sobre la novela en América Latina

Edición a cargo de Luis Rodríguez Pastor

ALFAGUARA

Papel certificado por el Forest Stewardship Council®

Primera edición: abril de 2021

Índice

Palabras recuperadas

Han pasado cincuenta y dos años desde que Vargas Llosa y García Márquez, dos novelistas latinoamericanos que todavía eran jóvenes, tuvieron en Lima esta conversación extrañísima que el lector está a punto de leer. Es extrañísima porque no hay en ella ninguna palabra importante que no se haya transformado dramáticamente en este tiempo. El título de la conversación, *La novela en América Latina,* parece inofensivo, una descripción simple y declarativa, pero enseguida nos damos cuenta de que ni la novela, ni América Latina, ni mucho menos la novela latinoamericana, son eso de lo que hablaron Vargas Llosa y García Márquez en septiembre de 1967. Y si no lo son, fíjense ustedes, es precisamente porque han ocurrido Vargas Llosa y García Márquez: porque este medio siglo es el tiempo del éxito y la influencia de *Cien años de soledad,* de la ambición desmesurada de *Conversación en La Catedral,* de esas maravillas de nuestra tradición que son *Crónica de una muerte anunciada* y *La guerra del fin del mundo;* porque este medio siglo es, también, un tiempo de transformaciones de nuestro mundo político (desde el caso Padilla y Pinochet hasta el fujimorismo y la longevidad de Fidel Castro), y en todas ellas estuvieron presentes estos dos novelistas. Borges, de quien se habla con frecuencia en esta conversación, fijó para siempre la idea en «Pierre Menard, autor del *Quijote*»: el paso del tiempo —y esa curiosa encarnación del tiempo que son los libros que escribimos— cambia las palabras.

Esta es una de las maneras más fructíferas de leer esta conversación. Para nosotros, lectores y novelistas latinoamericanos, las palabras que se usaban en 1967 para explicar el momento histórico ya no están: se han destruido y se han vuelto a armar con los años, y hoy no las usamos como las usaban ellos. Hablando de la soledad como tema de sus libros, a García Márquez le da miedo que resulte demasiado «metafísico» y por lo tanto «reaccionario»; cuando Vargas Llosa habla de la «responsabilidad» del escritor, o cuando discute el nivel de «compromiso» de las distintas novelas de su contertulio, sentimos o intuimos la intensidad con que el convulso mundo político pesaba sobre ellos. También la realidad literaria era distinta. Tratando de fijar y describir la novedad profunda de *Cien años de soledad* —tratando, como si dijéramos, de ponerle un alfiler a la mariposa amarilla—, Vargas Llosa habla primero de realismo, luego de episodios improbables o poéticos, luego de la posibilidad de que se trate en el fondo de un libro fantástico; García Márquez contesta reivindicando su condición de escritor realista, alegando que esa fantasía es parte inseparable de la realidad latinoamericana y sugiriendo, con clarividencia admirable, que esa realidad puede darle algo nuevo a la literatura universal. Pero en el intercambio hay como un vacío, algo que sentimos como un vacío, porque nunca, en ninguna forma, aparece la expresión que el lector espera, la expresión que flota en el ambiente pero que nadie ha descubierto todavía: *realismo mágico*. Sí, tal vez eso es lo que pasa con este diálogo: en ese año de 1967, el mundo era tan reciente que las cosas carecían de nombre.

Hay una, sin embargo, que ya comenzaba a tener un nombre: un nombre controvertido al principio, pero que con el tiempo se fue instalando en nuestro paisaje intelectual. Vargas Llosa lo pronuncia una sola vez: le pregunta a García Márquez qué piensa él del *boom* de la novela latinoamericana. El *boom,* por supuesto, tampoco era entonces lo que es hoy, y una de las maravillas de este diálogo es capturar a sus actores en el momento en que el fenómeno comienza a tomar forma. Todavía los lectores de novela latinoamericana debatimos largamente sobre el momento en que empezó todo. ¿Cuándo fue? ¿Con el Premio Biblioteca Breve que *La ciudad y los perros* recibió en 1962? ¿Con el imprevisible éxito de lectores de *Cien años de soledad*? Sea como sea, esta conversación limeña es una especie de cifra del fenómeno. Las cuatro sillas del *boom,* en la clasificación lúdica pero muy seria que haría años después José Donoso, estaban ocupadas por los dos que aquí hablan además de Cortázar y Fuentes; detrás de ellos venían Borges, Onetti y Rulfo. (Onetti diría en una entrevista: «Fui arrastrado por el *boom*».) La ficción del siglo XX nunca sería la misma tras el paso arrollador de estos nombres, y por eso hay algo enternecedor en el espectáculo de García Márquez y Vargas Llosa hablando de lo que les sucede con candor y algo de sorpresa, como jóvenes pterodáctilos que se preguntan qué diablos es esto de la evolución. Hablar de *Cien años de soledad* como un libro nuevo, que todavía se encuentra en la mesa de novedades: qué extraño nos resulta eso. Y qué fascinante es ver a Vargas Llosa comentar el libro de su colega a mano alzada, improvisando una crítica tan penetrante y lúcida que *Historia de un deicidio,* el estudio que publicó cuatro años después, nos podría parecer una mera profundización o ampliación de las ideas expuestas en Lima.

Aquí está ese Vargas Llosa: el novelista-crítico, dueño de una conciencia exacerbada de su oficio, siempre con el bisturí en la mano. Al lado, García Márquez hace grandes esfuerzos por defender su imagen de narrador instintivo, casi salvaje, alérgico a la teoría y mal explicador de sí mismo o de sus libros. No es así, por supuesto: García Márquez sabía muy bien para qué servía cada uno de los destornilladores de su caja de herramientas. Y conocía muy bien, como todo gran novelista, el arte de leer: las palabras que aquí dedica a la influencia de William Faulkner, o a su presencia en la nueva novela latinoamericana, valen lo que cualquier tesis de cientos de páginas. Ahora bien, el diálogo es también una puesta en escena de dos maneras opuestas de entender el oficio de novelista; y, puesto que la poética es una de las formas que asume el temperamento, el lector se encontrará también con un contraste evidente.

Por un lado, la generosidad intelectual de Vargas Llosa, dispuesto a tomar el papel de entrevistador y cederle el protagonismo a García Márquez aunque en su maleta esté, todavía caliente, el Premio Rómulo Gallegos; y por el otro, la timidez de García Márquez, que se manifiesta en la forma inveterada de *boutades,* epigramas cortantes y exageraciones sin propósito aparente. Cuando García Márquez asegura, por ejemplo, que en la adolescencia ya tenía el primer párrafo de *Cien años de soledad,* idéntico al que aparece en el libro, sabemos que está mintiendo. Pero esa mentira es una extensión de su propia voracidad narrativa, que quiere construir desde ya —y meticulosamente— la leyenda de sí mismo.

La novela en América Latina llevaba varios años fuera del mundo. Solo se encontraba en ediciones piratas, de autoridad dudosa o de comercio negro. Yo fui uno de los usufructuarios culpables de ese estado de las cosas: tenía veintiún años y una sola obsesión, aprender a escribir novelas, cuando un librero bogotano que trabajaba con ediciones raras me habló de este libro y me dijo, con tono de oráculo, que en él había más lecciones valiosas sobre el oficio de novelista que en cualquier facultad de Literatura. Me dijo que el libro no existía; ante mi desasosiego, me ofreció fotocopiar su edición propia. Cualquiera que haya tenido una vocación devoradora a los veinte años entenderá que aceptara el ofrecimiento, pues nadie sabe nunca de dónde saldrán las revelaciones que lo podrían transformar en lo que quiere ser, y la única solución es seguir todas las pistas, agotar todas las posibilidades. Ahora, un cuarto de siglo después, tengo la satisfacción íntima de presentar estas palabras recuperadas, estas palabras que aparecen ahora como rescatadas de algún naufragio, y lo hago con la certeza de que serán tan iluminadoras y estimulantes para algún lector —y acaso para un futuro novelista— como lo fueron entonces para mí.

JUAN GABRIEL VÁSQUEZ
Mayo de 2019

Una vez y nunca más

Faltaban ciento cuarenta horas. La habitación de la clínica de la calle Gervasio Santillana en la que Patricia alumbraría a Gonzalo Gabriel estaba separada, aun cuando el plan era que el niño naciera en Londres. Aquel mediodía, su padre lucía un impecable terno y corbata negros, camisa alba, cabello prieto bien surcado, mientras atravesaba el tramo final de los trece kilómetros que separaban la calle Casimiro Ulloa de la Universidad Nacional de Ingeniería. Estaba sentado en la parte trasera del auto, repasando sus apuntes, cuando vio de reojo y sin amor la puerta del diario *La Crónica*, en la avenida Tacna, y pensó: «Ahí».

Ese martes, el cadáver de Tania la guerrillera continuaba su proceso de descomposición sin rumbo por las aguas del río Masicurí, mientras las piedrecitas de colores que había reunido en su bolso azul se desperdigaban y desde los escombros bolivianos Ernesto Guevara escribía con la respiración agitada y aún con fe en su diario: «El día transcurrió sin novedad alguna», pero la novedad era que le quedaban treintaidós días de vida. En Estocolmo, la Academia Sueca deliberaba darle el Premio Nobel de Literatura por primera vez a un narrador latinoamericano, a un guatemalteco que cuando era joven y desconocido interrumpió la escritura de su novela *Malevolge* para ir como oyente a la clase de Paul Rivet, en la Universidad de París, que dictaba una clase sobre la civilización maya, y que al verlo paró la exposición, lo observó, palpó y señaló: «Primera vez en mi vida que veo a un maya auténtico», luego de lo cual el guatemalteco se marchó para seguir escribiendo esa novela que finalmente tituló *El Señor Presidente*. En Buenos Aires, se preparaba una boda que tendría como protagonista a Jorge Luis Borges, al que le quedaban dieciséis días de soltero y esperaban tres años de infelicidad culminados con una lista de veintisiete razones por las cuales deseaba romper ese matrimonio. En Lima, en la vieja casa de la calle Pastaza, Victoria Santa Cruz dirigía un ensayo con una veintena de afroperuanos que se agitaban al ritmo de las guitarras de Vicente Vásquez y Adolfo Zelada y el cajón de Ronaldo Campos, en una estampa ambientada en un típico callejón de un solo caño limeño, que estaban por estrenar en el Teatro Segura. Fue entonces cuando Oviedo encontró, detrás de una columna del *lobby* del hotel, al hijo del telegrafista y la niña bonita de Aracataca:

—Hasta que por fin doy contigo. Estamos tarde.

—Esperaba que no me encontrases.

El trayecto hacia la Universidad Nacional de Ingeniería era menor para aquel hombre de cuarentaiún años: tan solo tres kilómetros desde el Hotel Crillón, en plena avenida La Colmena, pulmón afrancesado del centro de Lima, en el que Mercedes y él se alojaban desde la víspera. Había atendido esa mañana a tres periodistas, de *El Comercio*, *La Crónica* y *Expreso*, y se lamentaba de haber aceptado un encuentro público, de haber cedido ante la persuasiva propuesta de Oviedo: «Tú habla con Mario sin pensar en la audiencia».

La audiencia había colapsado el aforo del auditorio de la Facultad de Arquitectura de la Universidad Nacional de Ingeniería, las trescientas sillas de madera estaban calientes, y esparcida entre los estudiantes universitarios había gente de todas las edades, expectante, ansiosa, al punto de romper la cuarta pared e invadir el escenario, formando un círculo en torno a la mesa que tendría como protagonistas al flamante ganador del Premio Rómulo Gallegos y al flamante autor de *Cien años de soledad*. ¿Quién era ese colombiano cuya novela había vendido treinta mil ejemplares en tres meses? Pocos lo sabían aún, pues el libro tardó en circular por las librerías limeñas, aunque gracias al primer volumen de la revista *Amaru*, dirigida por el poeta cuyo pañuelo alumbraba su saco gris en una esquina del escenario, un fragmento de ella se leyó en el Perú antes que en el resto del mundo.

Cuando ese martes 5 de septiembre de 1967 el reloj marcó las 13:30 horas, comenzó el diálogo entre Mario Vargas Llosa y Gabriel García Márquez.

Se cumplían cinco semanas de conocerse. ¿Tan solo cinco semanas? Parecían, al menos, cinco años. Tal vez porque habían comenzado a cartearse veinte meses atrás. El contrapunto lo inició el colombiano: «A través de Luis Harss conseguí por fin tu dirección, que resultaba inencontrable en México, sobre todo ahora que Carlos Fuentes anda perdido quién sabe en qué manglares de la selva europea», reza el inicio de aquella epístola fundacional del 11 de enero de 1966. Las cartas crearon la camaradería y complicidad suficientes para que la amistad se encarnara de inmediato en aquel primer encuentro, en el aeropuerto de Caracas.

«Nos conocimos la noche de su llegada al aeropuerto de Caracas; yo venía de Londres y él de México y nuestros aviones aterrizaron casi al mismo tiempo. Antes habíamos cambiado algunas cartas, y hasta habíamos planeado escribir, alguna vez, una novela a cuatro manos —sobre la guerra tragicómica entre Colombia y Perú, en 1931—, pero esa fue la primera vez que nos vimos las caras. Recuerdo la suya muy bien, esa noche: desencajada por el espanto reciente del avión —al que tiene un miedo cerval—, incómoda entre los fotógrafos y periodistas que la acosaban. Nos hicimos amigos y estuvimos juntos las dos semanas que duró el Congreso, en esa Caracas que, con dignidad, enterraba a sus muertos y removía los escombros del terremoto».

El terremoto de treintaicinco segundos del que habla Mario Vargas Llosa remeció Caracas a las 20:05 horas del 29 de julio de 1967, seis días antes del encuentro. Y a pesar de su rudeza, a pesar de los doscientos treintaiséis muertos y dos mil heridos, la ceremonia en que Rómulo Gallegos le entregó a Mario Vargas Llosa el diploma de reconocimiento por haber ganado con *La casa verde* la primera edición del premio que llevaba su nombre se llevó a cabo. Juan Carlos Onetti quedó en segundo lugar por una novela que también tenía un burdel, pero sin músicos: *Juntacadáveres*.

Al recibir el premio que consagraba a los treintaiún años a Mario Vargas Llosa como protagonista de aquello que se empezaba a llamar el *boom*, leyó un discurso tan inspirador e incendiario como su nombre: «La literatura es fuego», y mientras lo leía, desde el público García Márquez pensaba que ese discurso era perfecto, mientras José Miguel Oviedo contenía la respiración y esperaba el momento para aplaudir de pie a su antiguo compañero de carpeta del colegio La Salle.

José Miguel Oviedo tenía treintaitrés años, había ganado un concurso de dramaturgia y publicado tres libros de ensayos, era el director de Extensión Cultural de la Universidad Nacional de Ingeniería y fue el gran responsable del encuentro en la Facultad de Arquitectura. Organizó el evento, presentó ante la audiencia a ambos escritores y tuvo el acierto de grabar el diálogo, que por la cantidad de temas se reeditó dos días después, el 7 de septiembre a las 13:00 horas, en el mismo lugar. Ese jueves, en la página 23 del diario *El Comercio* se leía un recuadro que anunciaba la conferencia «La historia de mis libros», que daría el colombiano a las 19:15 horas en la Casa de la Cultura del Perú, ubicada en la vieja Casa de Pilatos del jirón Áncash. Los encuentros públicos habían culminado, pero no los compromisos.

La casa Agurto estaba ubicada en la calle Costa Rica 123, Jesús María, y fue construida sobre trescientos sesenta metros cuadrados en 1954 a partir del diseño de su dueño: el arquitecto Santiago Agurto Calvo, rector de la Universidad Nacional de Ingeniería entre 1966 y 1970. La primera planta de la residencia tenía once ambientes, pero los invitados al agasajo del viernes estaban repartidos en tres de ellos: sala, comedor y jardín, aunque del zaguán iba y venía gente, algunos colados, algunos fotógrafos, algunos mozos, y por ahí se veía al anfitrión y su esposa, Rina Luz Mazzini, al pintor Fernando de Szyszlo, a la poeta Blanca Varela, a las estrellas García Márquez y Vargas Llosa, al poeta Gustavo Valcárcel, a Emilio Adolfo Westphalen, el poeta cuyo pañuelo alumbraba ahora su saco azul oscuro, a Oviedo, a Mercedes, a Patricia, cuyo largo sacón negro de tres botones no escondía las sesenta horas que le faltaban para alumbrar a Gonzalo Gabriel.

La presencia de Gabriel García Márquez había superado largamente la cobertura de aquellos que pisaron Lima meses antes que él: Carlos Fuentes, Nicanor Parra, Jorge Luis Borges, Álvaro Mutis. Solo la resonante presencia de Neruda en 1966 se comparaba con el ruido mediático del colombiano. Gabriel García Márquez partió una semana después de haber llegado. Pisó Lima una vez y nunca más. De esa visita dan fe un puñado de artículos de prensa, fotografías, anécdotas, libros firmados y un diálogo inolvidable, que gracias a Oviedo se publicó al año siguiente y lleva cincuenta años dando tumbos por las fotocopiadoras de América Latina. La partida quedó eternizada gracias a una fotografía en el aeropuerto; en ella, García Márquez toca el hombro de Vargas Llosa, Vargas Llosa observa risueño a García Márquez, mientras que Martha Livelli, Mercedes Barcha y José Miguel Oviedo los observan. Patricia no aparece: acaba de alumbrar en la clínica de la calle Gervasio Santillana a Gonzalo Gabriel, hijo de Mario Vargas Llosa y ahijado de Gabriel García Márquez.

Antes de partir, mientras el supervisor migratorio Morales Duarte incendiaba la página diecinueve del pasaporte de Gabriel José García Márquez con un inmenso sello rojo que desentonaba de los habituales tonos azules y morados, Oviedo retenía para siempre la imagen del hijo del tele-

25

grafista y la niña bonita de Aracataca frente a él, sosteniendo con la mano izquierda la edición del barco y del bosque de *Cien años de soledad,* mientras que con la derecha dibujaba: «Para Martha y José Miguel, en memoria de los días inolvidables en esta ciudad espantosa, y por la amistad que no se acaba nunca».

La amistad con Oviedo continuó, pero sobre todo con Mario. Lo mejor estaba por llegar, aunque la cuenta regresiva ya marcaba ocho años, cinco meses y un día.

LUIS RODRÍGUEZ PASTOR
Abajo el Puente, 23 de mayo de 2019

Nota preliminar[*]

[*] La «Nota preliminar» de José Miguel Oviedo fue publicada a modo de prólogo a la primera edición, *La novela en América Latina: diálogo,* Lima, Carlos Milla Batres Ediciones/Universidad Nacional de Ingeniería, 1968, pp. 5-6.

En septiembre de 1967, la Universidad Nacional de Ingeniería invitó a Lima al novelista colombiano Gabriel García Márquez. Pocos meses atrás (en mayo, precisamente), García Márquez había publicado su novela *Cien años de soledad*, en Buenos Aires, con un éxito de crítica y de público pocas veces igualado en el ámbito latinoamericano. Aunque era autor de otras tres novelas y un libro de cuentos, puede decirse que con este libro García Márquez fue «lanzado» súbitamente a las cimas de la popularidad y de la fama internacional y se convirtió en la figura más asediada de la literatura latinoamericana, en su representante más luminoso, en la viva leyenda de sí mismo. Arrastrado por esa ola de fervor —justificadísimo, por cierto—, el autor abandonó México, donde había residido largos años en una tesonera y silenciosa labor literaria que culminaría con esos *Cien años de soledad,* y fue a gozar de su triunfo en Buenos Aires, donde había sido invitado como jurado del concurso de novela Sudamericana Primera Plana. A su vuelta de Buenos Aires, la UNI tuvo el honor de recibirlo como huésped suyo.

Por esas fechas se encontraba en Lima, pasando unas semanas en el país, el novelista Mario Vargas Llosa, que había vuelto de Caracas también con un importante triunfo personal: acababa de ganar el Premio de Novela Rómulo Gallegos por *La casa verde,* nueva consagración de su brillantísima y reconocida obra narrativa. Aprovechando la circunstancia de tener entre nosotros a estas dos figuras indiscutibles de la novelística latinoamericana, la Universidad Nacional de Ingeniería decidió realizar un acto de carácter excepcional, que superaba las limitaciones de las habituales conferencias y mesas redondas: consistía en reunir a García Márquez y Vargas Llosa en un «interrogatorio público», en un diálogo que pudiese revelar aspectos ignorados de la creación novelística, de la personalidad humana, de la experiencia privada, etcétera, de ambos escritores. En la realidad, Vargas Llosa asumió el papel de interrogador y García Márquez el de interrogado (aunque, por momentos, los respectivos papeles se canjearon). El acto, organizado por el Departamento de Extensión Cultural de la Universidad, se realizó el 5 de septiembre en el auditorio de la Facultad de Arquitectura de la UNI, ante una concurrencia numerosísima. El interrogatorio se prolongó más allá de lo previsto antes de haberse agotado el tema y se decidió concluirlo en una segunda sesión, dos días después.

La Universidad Nacional de Ingeniería, considerando el notable valor del interrogatorio que testimoniaba el primer encuentro público de los dos escritores, ha querido difundir, en coedición con Milla Batres, ese documento como una colaboración en la tarea de conocimiento e investigación de nuestra literatura. Tras un prolongado trabajo con la versión grabada, de correcciones y consultas con los propios autores, podemos presentar aquí el texto definitivo del diálogo. Ese texto ilustra no solo el trasfondo de memorias personales que yace en *Cien años de soledad* y, sobre todo, las convicciones literarias de su autor, sino, sobre todo, los opuestos temperamentos humanos de Vargas Llosa —siempre riguroso, afinado en la teorización, metódico en la polémica— y García Márquez —de humor explosivo y paradójico, de corrosiva inteligencia, furiosamente vital.

Estamos seguros de que el presente libro ayudará también a comprender mejor la situación del novelista latinoamericano de hoy, y a enjuiciar los motivos del esplendor que el género ha alcanzado en este continente.

JOSÉ MIGUEL OVIEDO

La novela en América Latina

Diálogo entre Mario Vargas Llosa
y Gabriel García Márquez
(Lima, 5 y 7 de septiembre de 1967)

Primera parte

Mario Vargas Llosa

A los escritores les ocurre algo que —me parece— no les ocurre jamás a los ingenieros ni a los arquitectos. Muchas veces la gente se pregunta ¿para qué sirven? La gente sabe para qué sirve un arquitecto, para qué sirve un ingeniero, para qué sirve un médico; pero, cuando se trata de un escritor, la gente tiene dudas. Incluso la gente que piensa que sirve para algo, no sabe exactamente para qué. La primera pregunta que quiero hacerle yo a Gabriel es, precisamente, sobre esto: que les aclare a ustedes el problema y me lo aclare a mí también, pues también tengo dudas al respecto. ¿Para qué crees que sirves tú como escritor?

Gabriel García Márquez

Yo tengo la impresión de que empecé a ser escritor cuando me di cuenta de que no servía para nada. Mi papá tenía una farmacia y, naturalmente, quería que yo fuera farmacéutico para que lo reemplazara. Yo tenía una vocación totalmente distinta: quería ser abogado. Y quería ser abogado porque en las películas los abogados se llevaban las palmas en los juzgados defendiendo las causas perdidas. Sin embargo, ya en la universidad, con todas las dificultades que pasé para estudiar, me encontré con que tampoco iba a servir para ser abogado. Empecé a escribir los primeros cuentos y, en ese momento, verdaderamente no tenía ninguna noción de para qué servía escribir. Al principio, me gustaba escribir porque me publicaban las cosas y descubrí lo que después he declarado varias veces y que tiene mucho de cierto: escribo para que mis amigos me quieran más. Pero después, analizando el oficio del escritor y analizando los trabajos de otros escritores, pienso que seguramente la literatura, y sobre todo la novela, tiene una función. Ahora, no sé si desgraciada o afortunadamente, creo que es una función subversiva, ¿verdad? En el sentido de que no conozco ninguna buena literatura que sirva para exaltar valores establecidos. Siempre, en la buena literatura, encuentro la tendencia a destruir lo establecido, lo ya impuesto y a contribuir a la creación de nuevas formas de vida, de nuevas sociedades; en fin, a mejorar la vida de los hombres. Me resulta un poco difícil explicar esto porque, en realidad, yo funciono muy poco en la teoría. Es decir, no sé muy bien por qué pasan estas cosas. Ahora, lo cierto es que el hecho de escribir obedece a una vocación apremiante, que el que tiene la vocación de escritor tiene que escribir pues solo así logra quitarse sus dolores de cabeza y su mala digestión.

MARIO VARGAS LLOSA
O sea que tú piensas que la literatura es una actividad que, desde el punto de vista social, es eminentemente subversiva. Ahora sería interesante que tú nos dijeras si crees que ese poder subversivo de la literatura, esa inconformidad que expande la literatura en el ámbito social puede ser de alguna manera prevista o calculada por el escritor; es decir, si el escritor, en el momento de concebir un cuento o una novela, de alguna manera puede prever las consecuencias sediciosas, subversivas que tendrá su libro cuando llegue a los lectores.

GABRIEL GARCÍA MÁRQUEZ
Yo creo que si esto es previsto, que si es deliberada la fuerza, la función subversiva del libro que se está escribiendo, desde ese momento ya el libro es malo. Pero antes quiero establecer esto: cuando aquí decimos escritor, cuando decimos literatura, nos estamos refiriendo a novelista y novela porque de otro modo podría prestarse a malas interpretaciones; en realidad, estoy hablando de novelista y de novela. Creo que el escritor está siempre en conflicto con la sociedad; más aún, tengo la impresión de que se escribe como una forma de resolver ese conflicto personal del escritor con su medio. Cuando yo me siento a escribir un libro es porque me interesa contar una buena historia. Una historia que me guste. Lo que suce-

de es que yo también tengo una formación ideológica; creo que el escritor, todo escritor sincero en el momento de contar su historia, ya sea la de Caperucita Roja o una historia de guerrilleros, para poner los dos extremos; si el escritor, repito, tiene una posición ideológica firme, esta posición ideológica se verá en su historia, es decir, va a alimentar su historia y es a partir de este momento que esa historia puede tener esa fuerza subversiva de que hablo. No creo que sea deliberada, pero sí que es inevitable.

MARIO VARGAS LLOSA
Entonces, en ese caso, el factor puramente racional, diríamos, no es preponderante en la creación literaria. ¿Qué otros factores serían los preponderantes, qué elementos determinarían la calidad de la obra literaria?

GABRIEL GARCÍA MÁRQUEZ
A mí lo único que me interesa en el momento de escribir una historia es si la idea de esa historia puede gustar al lector y que yo esté totalmente de acuerdo con esa historia. Yo no podría escribir una historia que no sea basada exclusivamente en experiencias personales. Precisamente, estoy ahora preparando la historia de un dictador imaginario, es decir, la historia de un dictador que se supone es latinoamericano, por el ambiente. Este dictador, que tiene ciento ochenta y dos años de

edad, que tiene tanto tiempo de estar en el poder que ya no recuerda cuándo llegó a él, que tiene tanto poder que ya no necesita mandar, está completamente solo en un enorme palacio, por cuyos salones se pasean las vacas y se comen los retratos, los grandes óleos de los arzobispos, etcétera. Entonces, lo que resulta curioso es que, de alguna manera, esta historia está basada en experiencias personales. Es decir, son elaboraciones poéticas de experiencias personales mías que me sirven para expresar lo que quiero en este caso, que es la inmensa soledad del poder; y creo que para expresar la soledad del poder no hay ningún arquetipo mejor que el del dictador latinoamericano, que es el gran monstruo mitológico de nuestra historia.

MARIO VARGAS LLOSA

Cambiando bruscamente de nivel, quisiera hacerte una pregunta más personal, porque al hablar de la soledad yo recordaba que es un tema constante en todos tus libros; incluso el último se llama, precisamente, *Cien años de soledad*, y es curioso, porque tus libros siempre están muy poblados o son muy populosos, están llenos de gente; sin embargo, son libros cuya materia profunda es, en cierto modo, la soledad. En muchos reportajes que has respondido, he observado que te refieres siempre a un familiar tuyo que te contó muchas historias cuando eras niño. Incluso, recuerdo un reportaje en que decías que la muerte de ese familiar, cuando tenías ocho años, fue el último acontecimiento importante de tu vida. Entonces, tal vez sería interesante que nos dijeras en qué medida este personaje puede haber servido de estímulo, puede haber dado materiales para tus libros. Es decir, ¿quién es este personaje, en primer lugar?

GABRIEL GARCÍA MÁRQUEZ
Voy a dar una vuelta antes de llegar a la respuesta. En realidad, no conozco a nadie que en cierta medida no se sienta solo. Este es el significado de la soledad que a mí me interesa. Temo que esto sea metafísico y que sea reaccionario y que parezca todo lo contrario de lo que yo soy, de lo que yo quiero ser en realidad, pero creo que el hombre está completamente solo.

MARIO VARGAS LLOSA
¿Tú crees que es una característica del hombre?

GABRIEL GARCÍA MÁRQUEZ
Yo creo que es parte esencial de la naturaleza humana.

MARIO VARGAS LLOSA
Pero mi pregunta iba a esto: yo he leído un discurso, en un ensayo muy largo que publicó una revista en París sobre tus libros, que esa soledad, el contenido principal de *Cien años de soledad* y de los libros anteriores tuyos era la característica del

hombre americano, pues estaba representando la profunda alienación del hombre americano, la incomunicación que existe entre los hombres, el hecho de que el hombre americano surge de una serie de condicionamientos; es decir, que está condenado a una especie de desencuentro con la realidad y esto lo hace sentirse frustrado, mutilado, solitario. ¿Qué piensas tú de esta observación?

GABRIEL GARCÍA MÁRQUEZ
No lo había pensado. Sucede que estos valores son totalmente inconscientes. Yo creo, además, que estoy metiéndome en un terreno peligroso, que es el de tratar de explicarme esta soledad que yo expreso y que trato de buscar en distintas facetas del individuo. Creo que el día que sea consciente, que sepa exactamente de dónde viene esto, no me va a servir más. Por ejemplo: hay un crítico en Colombia que escribió una cosa muy completa sobre mis libros; decía que notaba que las mujeres que figuran en mis libros son la seguridad, son el sentido común, son las que mantienen la casta y el uso de la razón en la familia, mientras los hombres andan haciendo toda clase de aventuras, yéndose a las guerras y tratando de explorar y fundar pueblos, que siempre terminan en fracasos espectaculares, y gracias a la mujer, que está en la casa —manteniendo, digamos, la tradición, los primeros valores—, los hombres han podido hacer las guerras y han podido fundar pueblos y han

podido hacer las grandes colonizaciones de América, ¿verdad? En el momento en que yo leí esto, revisé mis libros anteriores y me di cuenta de que era cierto, y creo que este crítico me hizo mucho daño, porque precisamente me hizo la revelación cuando ya estaba escribiendo *Cien años de soledad,* en donde parece que está la apoteosis de esto. Allí hay un personaje, que es Úrsula, que vive ciento setenta años, y es la que sostiene realmente toda la novela. A partir de este personaje —que ya tenía completamente concebido, completamente planeado— ya no sabía si yo era sincero o estaba tratando de dar gusto a este crítico. Entonces temo que me vaya a suceder lo mismo con la soledad. Si logro explicarme exactamente de qué se trata, entonces quizá ya sea totalmente racional, totalmente consciente, y que ya no me siga preocupando. Ahora tú me acabas de dar una clave que me asusta un poco. Yo pensé que la soledad era común a la naturaleza humana, pero ahora me pongo a pensar que probablemente sea un resultado de la alienación del hombre latinoamericano y que entonces estoy expresando desde el punto de vista social, e inclusive desde el punto de vista político, mucho más de lo que creía. Si así fuese, ya no sería tan metafísico como temo. He querido ser sincero de todas maneras y he trabajado aun con el temor de que eso de la soledad pueda ser un poco reaccionario, ¿verdad?

Mario Vargas Llosa

Bueno, entonces no hablemos de la soledad en vista de que es un tema un poco peligroso. Pero yo he estado muy interesado en ese personaje familiar tuyo del que todo el mundo habla en los reportajes y al que dices deber tanto. ¿Se trata de una tía?

Gabriel García Márquez

No. Era mi abuelo. Fíjense que era un señor que yo encuentro después en mi libro. Él, en alguna ocasión, tuvo que matar a un hombre, siendo muy joven. Él vivía en un pueblo y parece que había alguien que lo molestaba mucho y lo desafiaba, pero él no le hacía caso, hasta que llegó a ser tan difícil su situación que, sencillamente, le pegó un tiro. Parece que el pueblo estaba tan de acuerdo con lo que hizo que uno de los hermanos del muerto durmió atravesado, esa noche, en la puerta de la casa, ante el cuarto de mi abuelo, para evitar que la familia del difunto viniera a vengarlo. Entonces mi abuelo, que ya no podía soportar la amenaza que existía contra él en ese pueblo, se fue a otra parte; es decir, no se fue a otro pueblo: se fue lejos con su familia y fundó un pueblo.

Mario Vargas Llosa

Bueno, es un poco el comienzo de la historia de *Cien años de soledad,* donde el primer José Arcadio mata a un hombre y tiene, en primer lugar, un terrible remordimiento, un terrible cargo de conciencia, que es el que lo obliga a abandonar su pueblo, a cruzar las montañas y a fundar el mítico Macondo.

GABRIEL GARCÍA MÁRQUEZ
Sí. Él se fue y fundó un pueblo, y lo que yo más recuerdo de mi abuelo es que siempre me decía: «Tú no sabes lo que pesa un muerto». Hay otra cosa que no olvido jamás, que creo que tiene mucho que ver conmigo como escritor, y es una noche que me llevó al circo y vimos un dromedario; al regreso, cuando llegamos a casa, abrió un diccionario y me dijo: «Este es el dromedario y el elefante, esta es la diferencia entre el dromedario y el camello»; en fin, me dio una clase de zoología. De esa manera yo me acostumbré a usar el diccionario.

MARIO VARGAS LLOSA
Este personaje tuvo una enorme influencia en ti, pues ese drama suyo de alguna manera está transpuesto en tu última novela. Ahora, a mí me gustaría saber en qué momento pensaste convertir en literatura todas esas historias que te contaba tu abuelo. ¿En qué momento pensaste utilizar todos estos recuerdos, estas experiencias personales, para escribir cuentos o novelas?

GABRIEL GARCÍA MÁRQUEZ
Solo cuando ya tenía dos o tres libros escritos supe conscientemente que estaba utilizando esas

experiencias. En realidad, no es solo el abuelo, es toda esa casa en ese pueblo que él contribuyó a fundar y que era una casa enorme, donde se vivía verdaderamente en el misterio. En esa casa había un cuarto desocupado donde había muerto la tía Petra. Había un cuarto desocupado donde había muerto el tío Lázaro. Entonces, de noche, no se podía caminar por esa casa porque había más muertos que vivos. A mí me sentaban, a las seis de la tarde, en un rincón y me decían: «No te muevas de aquí porque si te mueves va a venir la tía Petra, que está en su cuarto, o el tío Lázaro, que está en otro». Yo me quedaba siempre sentado... En mi primera novela, *La hojarasca,* hay un personaje que es un niño de siete años que está, durante toda la novela, sentado en una sillita. Ahora yo me doy cuenta de que ese niño era un poco yo, sentado en esa sillita, en una casa llena de miedos. Hay otro episodio que recuerdo y que da muy bien el clima que se vivía en esta casa. Yo tenía una tía...

MARIO VARGAS LLOSA
Perdona que te interrumpa... ¿Esto ocurría en el pueblo en el que tú has nacido, en Aracataca?

GABRIEL GARCÍA MÁRQUEZ
Sí, en Aracataca, el pueblo en donde he nacido y que ahora tienden a identificar con Macondo, ¿verdad?, y que es el pueblo donde ocurren todas estas historias. Pues te contaba que yo tenía una tía

que quienes han leído *Cien años de soledad* podrán identificarla inmediatamente. Era una mujer muy activa; estaba todo el día haciendo cosas en esa casa y una vez se sentó a tejer una mortaja; entonces yo le pregunté: «¿Por qué estás haciendo una mortaja?». «Hijo, porque me voy a morir», respondió. Tejió su mortaja y cuando la terminó se acostó y se murió. Y la amortajaron con su mortaja. Era una mujer muy rara. Es la protagonista de otra historia extraña: una vez estaba bordando en el corredor cuando llegó una muchacha con un huevo de gallina muy peculiar, un huevo de gallina que tenía una protuberancia. No sé por qué esta casa era una especie de consultorio de todos los misterios del pueblo. Cada vez que había algo que nadie entendía, iban a la casa y preguntaban y, generalmente, esta señora, esta tía, tenía siempre la respuesta. A mí lo que me encantaba era la naturalidad con que resolvía estas cosas. Volviendo a la muchacha del huevo, le dijo: «Mire, usted, ¿por qué este huevo tiene esta protuberancia?». Entonces ella la miró y dijo: «Ah, porque es un huevo de basilisco. Prendan una hoguera en el patio». Prendieron la hoguera y quemaron el huevo con gran naturalidad. Esa naturalidad creo que me dio a mí la clave de *Cien años de soledad,* donde se cuentan las cosas más espantosas, las cosas más extraordinarias con la misma cara de palo con que esta tía dijo que quemaran en el patio un huevo de basilisco, que jamás supe lo que era.

MARIO VARGAS LLOSA

Bueno, esto que nos dices es una demostración, en cierta forma, de esa afirmación tuya de que el escritor siempre parte de experiencias personales. Pero las personas que no han leído la obra de Gabriel, *Cien años de soledad,* pueden llevarse la impresión de que él ha escrito libros autobiográficos y en *Cien años de soledad,* además de las cosas que ocurrieron al abuelo de Gabriel o cosas que contó el abuelo a Gabriel cuando era niño, ocurren también cosas muy sorprendentes: hay alfombras voladoras que pasean a las niñas sobre la ciudad; hay una mujer que sube al cielo en cuerpo y alma; hay una pareja que hace el amor y, al momento de hacerlo, propaga la fecundidad y la feracidad a su alrededor; ocurren miles de cosas maravillosas, sorprendentes, inverosímiles. Indudablemente, una parte del material que utiliza el escritor en sus libros son experiencias personales; pero hay otra parte que viene de la imaginación y otro elemento que, diríamos, es cultural. Quisiera que nos hablaras de este último elemento; es decir, ¿qué lecturas influyeron mayormente en ti cuando escribiste tus libros?

GABRIEL GARCÍA MÁRQUEZ

Yo conozco mucho a Vargas Llosa y sé adónde está tratando de llevarme. Quiere que le diga que todo esto viene de la novela de caballería. Y en cierto modo tiene razón, porque uno de mis libros favoritos, que sigo leyendo y al que tengo una inmensa admiración, es al *Amadís de Gaula*. Yo creo que es uno de los grandes libros que se han escrito en la historia de la humanidad, a pesar de que Mario Vargas Llosa cree que es el *Tirante el Blanco*. Pero no vamos a entrar en ese tipo de discusiones. Como tú recuerdas, en la novela de caballería, como decíamos alguna vez, al caballero le cortan la cabeza tantas veces como sea necesario para el relato. En el capítulo III hay un gran combate y necesitan que al caballero le corten la cabeza, y se la cortan, y en el capítulo IV aparece el caballero con su cabeza, y si se necesita, en otro combate se la vuelven a cortar. Toda esta libertad narrativa desapareció con la novela de caballería, donde se encontraban cosas tan extraordinarias como las que encontramos ahora en América Latina todos los días.

MARIO VARGAS LLOSA

Al leer *Cien años de soledad* encontré en un capítulo una palabra que me pareció que era una palabra clave que tú habías puesto ahí, como habías puesto algunos nombres de personajes de otros autores, otros autores que, en fin, o son amigos tuyos o que tú admiras y a los que has querido rendir este homenaje furtivo en tu libro. Al leer el capítulo de las treinta y dos guerras del coronel Aureliano Buendía, descubrí una capitulación que firma este coronel en un lugar llamado Neerlandia;

me pareció que esa palabra tenía unas resonancias caballerescas. Creo, incluso, que esta palabra aparece como una ciudad o como un lugar en algún momento en el *Amadís*. Yo pensé que se trataba de un homenaje, una reivindicación de ese libro que ha sido tan calumniado.

GABRIEL GARCÍA MÁRQUEZ
No, lo que pasa es que la identidad, es decir, las relaciones entre la realidad de América Latina y la novela de caballería son tan grandes que es probable que se caiga en la suposición en que has caído; pero la verdad es que las guerras civiles de Colombia acabaron con la capitulación de Neerlandia. Hay otra cosa. Quien ha leído mis libros encuentra que el duque de Marlborough perdió la guerra civil en Colombia como ayudante del coronel Aureliano Buendía. Y la realidad de esto es que, cuando yo era chico, cantaba la canción que cantamos todos los niños: «Mambrú se fue a la guerra», ¿verdad? Yo le pregunté a mi abuela quién era ese Mambrú y a qué guerra se había ido, y mi abuela que, evidentemente no tenía la menor idea, me contestó que este era un señor que peleaba con mi abuelo en la guerra... Más tarde, cuando yo me di cuenta de que Mambrú era el duque de Marlborough, pues me pareció que mejor era lo que decía mi abuela, y lo fui dejando así.

Hay algo más que ha llamado mucho la atención en *Cien años de soledad*, y es que hay una chica muy bella y muy tonta que sale al jardín a doblar unas sábanas y de pronto se va al cielo en cuerpo y alma. La explicación de esto es mucho más simple, mucho más banal de lo que parece. Había una chica que correspondía exactamente a la descripción que hago de Remedios la Bella en *Cien años de soledad*. Efectivamente, se fugó de su casa con un hombre y la familia no quiso afrontar la vergüenza y dijo, con la misma cara de palo, que la habían visto doblando unas sábanas en el jardín y que después había subido al cielo... En el momento de escribir, prefiero la versión de la familia, la versión con la que la familia protege su vergüenza, la prefiero a la real, que se fugó con un hombre, que es algo que ocurre todos los días y que no tendría ninguna gracia.

Mario Vargas Llosa
Tal vez podrías llegar a hablarnos del realismo en la literatura. Se discute mucho qué cosa es el realismo, cuáles son los límites del realismo y, ante un libro como el tuyo, donde ocurren cosas muy reales, muy verosímiles junto a cosas aparentemente irreales, como esa de la muchacha que sube al cielo en cuerpo y alma, o un hombre que promueve treinta y dos guerras, lo derrotan en todas y sale ileso de ellas... Bueno, de manera general, se puede decir que en tu libro hay una serie de episodios que son poco probables. Son episodios más bien poéticos, visionarios y, no sé si esto

puede autorizar mi interpretación a una calificación del libro como fantástico, como libro no realista. ¿Tú crees que eres un escritor realista o un
escritor fantástico, o crees que no se puede hacer
esta distinción?

GABRIEL GARCÍA MÁRQUEZ

No, no. Yo creo que particularmente en *Cien
años de soledad* yo soy un escritor realista, porque
creo que en América Latina todo es posible, todo
es real. Es un problema técnico en la medida en
que el escritor tiene dificultad en transcribir los
acontecimientos que son reales en América Latina
porque en un libro no se creerían. Pero lo que sucede es que los escritores latinoamericanos no nos
hemos dado cuenta de que en los cuentos de la
abuela hay una fantasía extraordinaria en la que
creen los niños a quienes se les están contando y
me temo que contribuyen a formarlos, y son cosas
extraordinarias, son cosas de *Las mil y una noches*,
¿verdad? Vivimos rodeados de esas cosas extraordinarias y fantásticas y los escritores insisten en
contarnos unas realidades inmediatas sin ninguna
importancia. Yo creo que tenemos que trabajar en
la investigación del lenguaje y de formas técnicas
del relato, a fin de que toda fantástica realidad latinoamericana forme parte de nuestros libros y
que la literatura latinoamericana corresponda en
realidad a la vida latinoamericana, donde suceden
las cosas más extraordinarias todos los días, como

los coroneles que hicieron treinta y cuatro guerras civiles y las perdieron todas, o como por ejemplo, ese dictador de El Salvador, cuyo nombre no recuerdo exactamente ahora, que inventó un péndulo para descubrir si los alimentos estaban envenenados y que ponía sobre la sopa, sobre la carne, sobre el pescado. Si el péndulo se inclinaba hacia la izquierda, él no comía, y si se inclinaba hacia la derecha, sí comía. Ahora bien, este mismo dictador era un teósofo; hubo una epidemia de viruela y su ministro de Salud y sus asesores le dijeron lo que había que hacer, pero él dijo: «Yo sé lo que hay que hacer: tapar con papel rojo todo el alumbrado público del país». Y hubo una época en todo el país en que los focos estuvieron cubiertos con papel rojo. Estas cosas suceden todos los días en América Latina, y nosotros los escritores latinoamericanos a la hora de sentarnos a escribirlas, en vez de aceptarlas como realidades, entramos a polemizar, a racionalizar diciendo: «Esto no es posible, lo que pasa es que este era un loco», etcétera. Todos empezamos a dar una serie de explicaciones racionales que falsean la realidad latinoamericana. Yo creo que lo que hay que hacer es asumirla de frente, que es una forma de realidad que puede dar algo nuevo a la literatura universal.

MARIO VARGAS LLOSA
Una cosa que a mí me sorprendió en tus libros es el hecho de que casi todos los personajes de

Cien años de soledad tuvieran los mismos nombres y que todos estos nombres se repitieran. Los hombres se llaman José Arcadio o Aureliano y las mujeres se llaman Úrsula. ¿A qué se debe esto? ¿Esto fue planeado o espontáneo?

GABRIEL GARCÍA MÁRQUEZ
¿Hay alguien aquí que no se llame como su papá?

MARIO VARGAS LLOSA
Bueno, yo te digo esto porque a mí me sorprendió mucho cuando tú me presentaste a tu hermano menor, que también se llama Gabriel, como tú...

GABRIEL GARCÍA MÁRQUEZ
Mira, lo que sucede es que yo era el mayor de doce hermanos y me fui de mi casa a los doce años y volví cuando estaba en la universidad. Nació entonces mi hermano y mi madre decía: «Bueno, al primer Gabriel lo perdimos, pero yo quiero tener un Gabriel en la casa». Yo creo que lo que tenemos que hacer nosotros es aceptar las cosas como las vemos sin tratar de explicarlas. Yo podría seguir explicando indefinidamente todas las cosas que parecen misteriosas y extraordinarias en *Cien años de soledad* y que siempre tienen una explicación totalmente realista, como que mi último hermano se llame Gabriel, también.

MARIO VARGAS LLOSA

Bueno, entonces, yo creo que tenemos ya así dos elementos fijados sobre los cuales trabajaría el escritor: experiencias personales y experiencias culturales, que serían las lecturas. Pero en tus libros, junto a una gran fantasía, junto a una imaginación desbordante y además un dominio de las técnicas novelísticas, hay también dos hechos que a mí me impresionaron mucho: el que con esta realidad un poco visionaria, esta realidad familiar cotidiana que cuenta *Cien años de soledad,* haya también una realidad de tipo histórico y social. Es decir, las guerras del coronel Aureliano Buendía de alguna manera representan o trasponen un periodo de la historia colombiana. Ya no se trata de un mundo puramente imaginario, sino de una referencia a una realidad muy concreta. Macondo, este pueblo donde ocurren esas cosas maravillosas, es también un pueblo en donde uno reconoce una problemática latinoamericana; Macondo es un pueblo donde hay plantaciones de bananos que traen primero aventureros, luego traen a una compañía extranjera. Hay un capítulo en donde yo creo que tú has descrito con gran maestría el problema de la explotación colonial de América Latina. Este sería un nuevo elemento dentro de tu obra; a mí me gustaría que lo explicaras de alguna manera.

GABRIEL GARCÍA MÁRQUEZ
Esta historia de las bananeras es totalmente real. Lo que pasa es que hay un raro destino en la realidad latinoamericana e, inclusive, en casos como el de las bananeras, que son tan dolorosos, tan duros, que tienden, de todas maneras, a convertirse en fantasmas. Con la compañía bananera empezó a llegar a ese pueblo gente de todo el mundo, y era muy extraño porque en este pueblito de la costa atlántica de Colombia hubo un momento en el que se hablaban todos los idiomas. La gente no se entendía entre sí; y había tal prosperidad —es decir, lo que entendían por prosperidad— que se quemaban billetes bailando la cumbia. La cumbia se baila con una vela y los simples peones y obreros de las plantaciones de bananos encendían billetes en vez de velas, y esto dio por resultado que un peón de las bananeras ganaba, por ejemplo, doscientos pesos mensuales y el alcalde y el juez municipal ganasen sesenta. Así no había autoridad real y la autoridad era venal porque la compañía bananera, con cualquier propina que les diera, con solo untarles la mano, era dueña de la justicia y del poder en general. Llegó un momento en que toda esta gente empezó a tomar conciencia, conciencia gremial. Los obreros empezaron por pedir cosas elementales porque los servicios médicos se reducían a darle una pildorita azul a todo el que llegara por cualquier enfermedad. Los ponían en fila y una enfermera les metía, a todos, una pil-

55

dorita azul en la boca. No me digas que no hay una inmensa cantidad de poesía en esta pildorita azul... Y llegó a ser esto tan crítico y tan cotidiano que los niños hacían cola frente al dispensario, les metían su pildorita azul, y ellos se las sacaban y se las llevaban para marcar con ellas los números en la lotería. Llegó el momento en que por esto se pidió que se mejoraran los servicios médicos, que se pusieran letrinas en los campamentos de los trabajadores porque todo lo que tenían era un excusado portátil, por cada cincuenta personas, que cambiaban cada Navidad... Había otra cosa también: los barcos de la compañía bananera llegaban a Santa Marta, embarcaban banano y lo llevaban a Nueva Orleans; pero al regreso venían desocupados. Entonces la compañía no encontraba cómo financiar los viajes de regreso. Lo que hicieron, sencillamente, fue traer mercancía para los comisariatos de la compañía y a los obreros no les pagaban en dinero, sino que les entregaban vales para que cobraran en las comisarías bananeras. Les daban unos bonos con los cuales compraban en los comisariatos de la compañía bananera y donde solo vendían lo que la compañía bananera traía en sus barcos. Los trabajadores pedían que les pagaran en dinero y no en bonos para comprar en los comisariatos. Hicieron una huelga y paralizaron todo y en vez de arreglarlo, el gobierno lo que hizo fue mandar al ejército. Los concentraron en la estación del ferrocarril, porque se suponía que iba a venir un ministro a arreglar la cosa, y lo que pasó fue que el ejército rodeó a los trabajadores en la estación y les dieron cinco minutos para retirarse. No se retiró nadie y los masacraron.

Lo que te digo es que esta historia del libro la conocí yo diez años después y, cuando encontraba gente, algunos me decían que sí era cierto, y otros decían que no era cierto. Había los que decían: «Yo estaba, y sé que no hubo muertos; la gente se retiró pacíficamente y no sucedió absolutamente nada». Y otros decían que sí, que sí hubo muertos, que ellos los vieron, que se murió un tío, e insistían en estas cosas. Lo que pasa es que, en América Latina, por decreto se olvida un acontecimiento como tres mil muertos... Esto que parece fantástico está extraído de la más miserable realidad cotidiana.

MARIO VARGAS LLOSA
Bueno, dicen que una vez el gobierno brasileño suprimió una epidemia con un decreto...

GABRIEL GARCÍA MÁRQUEZ
Volvemos a lo mismo: empezamos a buscar ejemplos y encontramos miles.

MARIO VARGAS LLOSA
O sea que el episodio de la matanza de los obreros no solo es histórico, sino que...

Gabriel García Márquez

No solo es histórico, sino que mi novela da el número del decreto por el cual se autorizaba para matar a bala a los trabajadores y da el nombre del general que lo ha firmado y el nombre de su secretario. Están puestos allí. Eso está en los archivos nacionales y ahora lo ven en la novela y piensan que es una exageración...

Mario Vargas Llosa

Bueno, pero lo curioso con el episodio de la matanza es que de ninguna manera parece encajado allí artificialmente. Creo que está perfectamente integrado al clima un poco fantasmagórico que tiene el libro. El hecho mismo de que el sobreviviente de esta matanza al final resucite —bueno, nunca se llega a saber si resucita o si ha sido muerto o si es un sobreviviente—, esa ambigüedad en que mantienes tú el episodio, es muy interesante.

Gabriel García Márquez

En México, por ejemplo, a nadie lo convencían de que Emiliano Zapata estaba muerto.

Mario Vargas Llosa

Entonces ya creo que tenemos una idea de los materiales con los que has trabajado tú, los materiales con los que trabaja el escritor: experiencias personales, experiencias culturales, hechos históricos, hechos sociales. Ahora, el problema máximo es convertir todos estos materiales, todos estos ingredientes en literatura... En hacerlos pasar por el lenguaje y convertirlos en una realidad imaginaria.

GABRIEL GARCÍA MÁRQUEZ
Ese es un problema puramente técnico.

MARIO VARGAS LLOSA
Bueno, a mí me gustaría que hablaras un poco de los problemas técnicos, de los problemas del lenguaje y de técnicas que has tenido que...

GABRIEL GARCÍA MÁRQUEZ
Mira: Yo empecé a escribir *Cien años de soledad* cuando tenía dieciséis años...

MARIO VARGAS LLOSA
¿Por qué no hablamos mejor ahora de tus primeros libros? Desde el primero.

GABRIEL GARCÍA MÁRQUEZ
Es que el primero, precisamente, fue *Cien años de soledad...* Yo empecé a escribirlo y, de pronto, me encontré con que era un «paquete» demasiado grande. Quería sentarme a contar las mismas cosas que ahora he contado...

MARIO VARGAS LLOSA
¿Querías contar ya, a esa edad, la historia de Macondo?

GABRIEL GARCÍA MÁRQUEZ

No solo eso, sino que escribí en ese momento un primer párrafo que es el mismo primer párrafo que hay en *Cien años de soledad*. Pero me di cuenta de que no podía con el «paquete». Yo mismo no creía lo que estaba contando; pero como yo sabía que era cierto lo que estaba contando, me di cuenta también de que la dificultad era puramente técnica, es decir, de que no disponía yo de los elementos técnicos y del lenguaje para que esto fuera creíble, para que fuera verosímil. Entonces lo fui dejando y trabajé cuatro libros mientras tanto. Mi gran dificultad siempre fue encontrar el tono y el lenguaje para que esto se creyera.

MARIO VARGAS LLOSA

Pero tú, cuando tenías diecisiete años y tenías ya la intención de escribir este libro, ¿ya te sentías escritor, un hombre que se iba a dedicar exclusivamente a escribir, que iba a ser la literatura tu destino?

GABRIEL GARCÍA MÁRQUEZ

Bueno, ocurrió un episodio del que, solamente en este momento, me doy cuenta de que probablemente es un episodio decisivo en mi vida de escritor. Nosotros —es decir, mi familia y todos— salimos del pueblito de Aracataca, donde yo vivía cuando tenía ocho o diez años. Nos fuimos a vivir a otra parte, y cuando yo tenía quince años encontré a mi madre que iba a Aracataca a vender la casa esa de que hemos hablado, que estaba llena de muertos. Entonces yo, en una forma muy natural, le dije: «Yo te acompaño». Y llegamos a Aracataca y me encontré con que todo estaba exactamente igual pero un poco traspuesto, poéticamente. Es decir, que yo veía a través de las ventanas de las casas una cosa que todos hemos comprobado: cómo aquellas calles que nos imaginamos anchas se volvían pequeñitas, no eran tan altas como nos imaginábamos; las casas eran exactamente iguales, pero estaban carcomidas por el tiempo y la pobreza, y a través de las ventanas veíamos que eran los mismos muebles, pero quince años más viejos en realidad. Y era un pueblo polvoriento y caluroso; era un mediodía terrible, se respiraba polvo. Es un pueblo donde fueron a hacer un tanque para el acueducto y tenían que trabajar de noche porque de día no podían agarrar las herramientas por el calor que hacía. Entonces, mi madre y yo atravesamos el pueblo como quien atraviesa un pueblo fantasma: no había un alma en la calle; y estaba absolutamente convencido de que mi madre estaba sufriendo lo mismo que sufría yo de ver cómo había pasado el tiempo por este pueblo. Y llegamos a una pequeña botica, que había en una esquina, en la que había una señora cosiendo; mi madre entró y se acercó a esta señora y le dijo: «¿Cómo está, comadre?». Ella levantó la vista y se abrazaron y lloraron durante media hora. No se dijeron una sola palabra, sino que lloraron durante media hora. En ese mismo momento me surgió la idea de contar por escrito todo el pasado de aquel episodio.

MARIO VARGAS LLOSA
¿Qué edad tenías entonces?

GABRIEL GARCÍA MÁRQUEZ
En ese momento tenía quince años. A los diecisiete empecé a escribirla y me encontré que no podía, pues me faltaban los elementos técnicos. La historia la tenía completa. Entonces necesité escribir cuatro libros para aprender a escribir *Cien años de soledad*. Por eso, la gran dificultad es, primero, aprender a escribir. Esa es la parte que yo creo que es misteriosa, es la parte innata, lo que hace que una persona sea escritor o estenógrafo. Se aprende leyendo, trabajando, sobre todo sabiendo una cosa: que escribir es una vocación excluyente, que todo lo demás es secundario; que lo único que uno quiere es escribir.

MARIO VARGAS LLOSA
Pero antes de escribir libros tú has hecho muchas otras cosas, ¿no? Al principio no podías convertir la literatura en una actividad excluyente e hiciste periodismo, sobre todo. ¿Por qué no nos cuentas un poco cómo conciliaste la actividad periodística con la actividad literaria, antes de escribir *Cien años de soledad*?

GABRIEL GARCÍA MÁRQUEZ
Bueno, no. Porque siempre fueron actividades secundarias. Yo siempre consideré que eran actividades para comer. Lo que yo quería era ser escritor, pero necesitaba vivir de otra cosa.

MARIO VARGAS LLOSA
¿Tú crees que estas actividades paralelas dificultaban el ejercicio de tu vocación o más bien la ayudaban, la estimulaban y aportaban experiencia?

GABRIEL GARCÍA MÁRQUEZ
Mira, yo durante mucho tiempo creí que la ayudaban, pero en realidad todo dificulta al escritor, toda actividad secundaria. Lo que uno quiere es ser escritor y todo lo demás le estorba y lo amarga mucho tener que hacerlo, tener que hacer otras cosas. Yo no estoy de acuerdo con lo que se decía antes: que el escritor tenía que pasar trabajos y estar en la miseria para ser mejor escritor. Yo creo de veras que el escritor escribe mucho mejor si tiene sus problemas domésticos y económicos perfectamente resueltos, y que mientras mejor salud tenga y mejor estén sus hijos y mejor esté su mujer, dentro de los niveles modestos en que nos podemos mover los escritores, siempre escribirá mejor. No es cierto que las malas situaciones económicas ayuden, porque el escritor no quiere hacer sino escribir y lo mejor para escribir es tener todo esto resuelto. Ahora, también sucede una cosa: que

yo podía haber resuelto mi situación como escritor, aceptando becas, aceptando subvenciones, en fin, todas las formas que se han inventado para ayudar al escritor, pero yo me he negado rotundamente y sé que es una cosa en la cual estamos de acuerdo los que se llaman los nuevos escritores latinoamericanos. Con el ejemplo de Julio Cortázar, nosotros creemos que la dignidad del escritor no puede aceptar subvenciones para escribir, y que toda subvención de alguna manera compromete.

MARIO VARGAS LLOSA
¿Subvenciones de qué tipo? Porque el hecho de que un escritor sea leído o auspiciado o alimentado por una sociedad es también una forma de subvención indirecta...

GABRIEL GARCÍA MÁRQUEZ
Claro que se presentan una serie de dificultades que dependen de nuestro sistema latinoamericano. Pero tú y Cortázar y Fuentes y Carpentier y otros están demostrando, con veinte años de trabajo (de romperse el cuerpo, como se dice), que los lectores terminan respondiendo. Estamos tratando de demostrar que en América Latina los escritores podemos vivir de los lectores, que es la única subvención que podemos aceptar los escritores.

MARIO VARGAS LLOSA

Bueno, ahora yo creo que sería interesante que hablemos un poco de los novelistas latinoamericanos contemporáneos. Se habla mucho de *boom* de la novela latinoamericana y eso es, indudablemente, una realidad. Ha ocurrido algo curioso en los últimos diez o quince años. Antes, creo que el lector latinoamericano tenía un prejuicio respecto de cualquier escritor latinoamericano. Pensaba que un escritor latinoamericano por el hecho de serlo era malo, si no demostraba lo contrario. Y que, a la inversa, un escritor europeo era bueno si no demostraba lo contrario. Ahora ocurre exactamente lo contrario. El público del autor latinoamericano ha crecido enormemente, hay una audiencia realmente asombrosa para los novelistas latinoamericanos no solo en América Latina sino en Europa, en Estados Unidos. Se lee, se comenta muy favorablemente a los novelistas latinoamericanos. ¿A qué se debe este fenómeno? ¿Qué es lo que ha ocurrido? ¿Qué piensas tú?

GABRIEL GARCÍA MÁRQUEZ

Fíjate, no sé. Yo estoy muy asustado... Creo que hay un factor real...

MARIO VARGAS LLOSA

Te quiero decir lo siguiente: no se puede decir que el escritor latinoamericano de hace treinta años era menos apto que el escritor latinoamericano contemporáneo, pero casi siempre eran escritores «movilizables».

GABRIEL GARCÍA MÁRQUEZ
Sí, eran escritores que hacían otras cosas. En general, escribían los domingos o cuando estaban desocupados y les sucedía una cosa de la que no sé hasta qué punto eran conscientes. Y es que la literatura era su trabajo secundario. Escribían cansados, es decir, después de haber trabajado en otra cosa, se ponían a escribir literatura, y estaban cansados. Tú sabes perfectamente que un hombre cansado no puede escribir... Las mejores horas, las horas más descansadas hay que dedicárselas a la literatura, que es lo más importante. Ahora, yo no sé si el fenómeno del *boom* es en realidad un *boom* de escritores o si es un *boom* de lectores, ¿verdad?

MARIO VARGAS LLOSA
¿Tú piensas que este movimiento de auge de la novela latinoamericana se debe principalmente a que los escritores latinoamericanos contemporáneos son más rigurosos con su vocación, es decir, se han entregado más?

GABRIEL GARCÍA MÁRQUEZ
Yo creo que es por lo que decíamos antes. Que hemos decidido que lo más importante es seguir nuestra vocación de escritores y que los lectores se

han dado cuenta de ello. En el momento en que los libros eran realmente buenos, aparecieron los lectores. Eso es formidable. Yo creo, por eso, que es un *boom* de lectores.

Segunda parte

Gabriel García Márquez
No sé por dónde empezar. ¿En qué habíamos quedado?

Mario Vargas Llosa
Bueno, me parece que la última pregunta que yo te hice se refería a la novela latinoamericana contemporánea; el auge que tiene el novelista latinoamericano, en estos años, tanto en los países nuestros como en Europa y en Estados Unidos. Entonces, me parece que tú me respondiste que pensabas que ese *boom* de novelistas era sobre todo un *boom* de lectores. Este auge se debía al crecimiento del público lector en nuestros días y al interés que tienen ahora los lectores de Latinoamérica por sus propios autores, a diferencia de lo que ocurría antes. Bueno, yo quisiera hacerte una pregunta en relación siempre con este *boom,* con este grupo de escritores latinoamericanos. Aparte del hecho evidente de que hoy día ha crecido el público lector y el interés latinoamericano por los autores de nuestros países, desde el punto de vista del propio autor, ¿qué piensas tú que puede haber precipitado el auge, el apogeo de la narrativa en todo el continente?

GABRIEL GARCÍA MÁRQUEZ

Yo pienso una cosa: que, si el lector lo lee a uno, eso se puede interpretar como una identificación del lector con el autor. Entonces, me imagino que lo que está sucediendo es que nosotros hemos dado en el clavo.

MARIO VARGAS LLOSA

Insistiendo siempre en la novela latinoamericana contemporánea, hay otro hecho que es también bastante curioso: la mayor parte de los autores latinoamericanos «de moda», diríamos, viven fuera de sus países: Cortázar vive en Francia hace doce años; ahora, Fuentes vive en Italia; tú has vivido, me parece, doce o catorce años fuera de Colombia y así se podrían citar muchos otros ejemplos. Mucha gente, periodistas y estudiantes, se interroga sobre este fenómeno con cierta preocupación. Se pregunta si el exilio voluntario de estos autores no daña de alguna manera el testimonio que ofrecen de su propia realidad; si la distancia, si la ausencia no malogra sus perspectivas, no los lleva, de una manera inconsciente, por supuesto, a falsear su propia realidad. ¿Qué piensas tú del problema?

GABRIEL GARCÍA MÁRQUEZ

Sí. La pregunta me la han hecho muchas veces en Colombia, principalmente los universitarios. Cuando me preguntan por qué no vivo en Colombia, yo siempre les contesto: «¿Y quién dijo

70

que yo no vivo en Colombia?». Es decir, en realidad yo tengo catorce años de haber salido de allá y sigo viviendo en Colombia, pues estoy perfectamente informado de todo lo que ocurre en el país; mantengo contacto por correspondencia, recortes de prensa y estoy siempre al día en relación con todo lo que sucede allí. Ahora, no sé si será casual el hecho de que todos los novelistas latinoamericanos «de moda» vivan fuera de sus países. En mi caso concreto, yo sé exactamente por qué prefiero vivir fuera de Colombia. No sé si esto ocurre en todos los países, pero en Colombia se empieza a ser escritor antes de empezar a escribir; es decir, a la primera manifestación literaria, al primer cuento que se publique y que tenga éxito, ya uno es escritor. Ya se tiene la aureola de una cierta respetabilidad que crea muchas dificultades para trabajar porque todos nosotros, hasta ese momento, hemos tenido que vivir de actividades marginales o actividades secundarias porque nuestros libros no nos daban para vivir. En el exterior, el escritor goza de cierta impunidad. Yo en París he vendido botellas, en México he escrito guiones de televisión sin firma, es decir, cosas que nunca hubiera querido hacer en Colombia; y sin embargo, en el exterior lo hago muy bien, pues no se sabe muy bien en Colombia de qué estoy viviendo; hago de todo, lo que me permite seguir escribiendo libros, que es lo único que me interesa y la realidad es que en cualquier parte del mundo donde esté, estoy escribiendo una novela colombiana, una novela latinoamericana.

MARIO VARGAS LLOSA
A mí me gustaría que me explicaras un poco esto: ¿En qué sentido te consideras tú un novelista latinoamericano? ¿Por los temas que tocas? Te hago esta pregunta porque podría citarte un ejemplo, el de Borges, digamos. La mayor parte de su obra toca temas que anecdóticamente no podrían ser considerados temas argentinos.

GABRIEL GARCÍA MÁRQUEZ
Fíjate, yo no veo lo latinoamericano en Borges, y me gusta llegar a este punto porque yo también compartía un poco la idea bastante generalizada de que Cortázar no es un escritor latinoamericano; y esta idea un poco «guardada» que tenía la rectifiqué por completo ahora que llegué a Buenos Aires. Conociendo Buenos Aires, esa inmensa ciudad europea entre la selva y el océano, después del Mato Grosso y antes del Polo Sur, se tiene la impresión de estar viviendo dentro de un libro de Cortázar, es decir, lo que parecía europeizante en Cortázar es lo europeo, la influencia europea que tiene Buenos Aires. Ahora, yo tuve la impresión en Buenos Aires de que los personajes de Cortázar se encuentran por la calle en todas partes. Pero, así como me doy cuenta de que Cortázar es profundamente latinoamericano, no encontré en Borges ese aspecto...

MARIO VARGAS LLOSA

¿Es una simple comprobación o es una calificación cuando tú dices que a ti no te parece que la literatura de Borges es una literatura argentina, o latinoamericana más bien, sino que es una literatura cosmopolita,
una literatura que tiene raíces históricas en...?

GABRIEL GARCÍA MÁRQUEZ

Yo creo que es una literatura de evasión. Con
Borges a mí me sucede una cosa: Borges es uno de
los autores que yo más leo y que más he leído y tal
vez el que menos me gusta. A Borges lo leo por su
extraordinaria capacidad de artificio verbal; es un
hombre que enseña a escribir, es decir, que enseña
a afinar el instrumento para decir las cosas. Desde
ese punto de vista sí es una calificación. Yo creo
que Borges trabaja sobre realidades mentales, es
pura evasión; en cambio Cortázar no lo es.

MARIO VARGAS LLOSA

A mí me parece que la literatura de evasión es
una literatura que escapa de una realidad concreta,
de una realidad histórica; diríamos es una literatura obligatoriamente menos importante, menos
significativa que una literatura que busca su material en una realidad concreta.

GABRIEL GARCÍA MÁRQUEZ

A mí, personalmente, esa literatura no me interesa. Yo creo que toda gran literatura tiene que

fundarse sobre una realidad concreta. Pero esto me hace recordar algo que conversamos. Recuerdo que tú llegabas a la conclusión de que los novelistas somos los buitres que estamos alimentándonos de la carroña de una sociedad en descomposición y me parece que sería interesante que recordaras esto que me decías, no sé si lo recuerdas, pero lo conversamos en Caracas.

MARIO VARGAS LLOSA
Bueno, pero como el interrogado eres tú...

GABRIEL GARCÍA MÁRQUEZ
No, no..., es que estoy totalmente de acuerdo con esta idea tuya; podría exponerla yo, pero me parece que eso es una tontería estando delante tú, para que la expongas. Yo soy totalmente solidario.

MARIO VARGAS LLOSA
Es un golpe bajo, pero... Sí, yo pienso que hay una relación curiosa en el apogeo, la actitud ambiciosa, osada, de los novelistas y la situación de crisis de una sociedad. Creo que una sociedad estabilizada, una sociedad más o menos móvil que atraviesa un periodo de bonanza, de gran apaciguamiento interno, estimula mucho menos al escritor que una sociedad que se halla, como la sociedad latinoamericana contemporánea, corroída por crisis internas y de alguna manera cerca del apocalipsis. Es decir,

inmersa en un proceso de transformación, de cambio, que nosotros no sabemos adónde nos llevará. Yo creo que estas sociedades que se parecen un poco a los cadáveres son las que excitan más a los escritores, los proveen de temas fascinantes. Pero esto me lleva a hacerte otra pregunta en relación con los novelistas latinoamericanos contemporáneos. Tú decías —y yo creo que es muy exacto— que el público de nuestros países se interesa hoy día por lo que escriben los autores latinoamericanos porque estos autores de alguna manera han dado en el clavo, es decir, les están mostrando sus propias realidades, les están llevando a tomar conciencia de las realidades en que viven. Ahora, es indudable que hay pocas afinidades entre los escritores latinoamericanos. Tú has señalado la diferencia que existe en la obra de dos argentinos: de Cortázar y de Borges, pero las diferencias son mucho mayores, abismales, si comparamos a Borges con un Carpentier, por ejemplo, o a Onetti contigo mismo, o a Lezama Lima con José Donoso; son obras muy distintas desde el punto de vista de las técnicas, del estilo, y también de los contenidos. ¿Tú crees que se puede señalar un denominador común entre todos estos escritores? ¿Cuáles serían las afinidades que hay entre ellos?

GABRIEL GARCÍA MÁRQUEZ
Bueno, yo no sé si sea un poco sofista al decirte que creo que las afinidades de estos escritores

están precisamente en sus diferencias. Ahora, me explico: la realidad latinoamericana tiene diferentes aspectos y yo creo que cada uno de nosotros está tratando diferentes aspectos de esa realidad. Es en este sentido que yo creo que lo que estamos haciendo nosotros es una sola novela. Por eso, cuando estoy tratando un cierto aspecto, sé que tú estás tratando otro, que Fuentes está interesado en otro que es totalmente distinto al que tratamos nosotros, pero son aspectos de la realidad latinoamericana; por eso, no creas que es casual cuando encuentras que en *Cien años de soledad* hay un personaje que va a dar la vuelta al mundo y se encuentra con que pasa el fantasma del barco de Victor Hughes, que es un personaje de Carpentier en *El siglo de las luces*. Luego, hay otro personaje, el coronel Lorenzo Gavilán, que es un personaje de *La muerte de Artemio Cruz,* de Carlos Fuentes. Hay, además, otro personaje que yo meto en *Cien años de soledad.* No es un personaje en realidad sino una referencia: es uno de mis personajes que se fue a París y vivió en un hotel de la rue Dauphine, en el mismo cuarto donde había de morir Rocamadour, que es un personaje de Cortázar. Hay otra cosa que te quiero decir, y es que estoy absolutamente convencido de que la monja que lleva al último Aureliano en una canastilla es la madre Patrocinio de *La casa verde,* porque, ¿sabes una cosa?, yo necesitaba un poco más de referencias de este personaje tuyo para saber cómo había podido ir de tu libro al mío, faltaban algunos datos y tú estabas en Buenos Aires, andando por todos lados. El punto a donde quiero llegar es este: la facilidad con que, a pesar de las diferencias que hay entre uno y otro, se puede hacer este juego, pasar los personajes de un lado a otro y que no queden falsos. Es que hay un nivel común y el día que encontremos cómo expresar ese nivel, escribiremos la novela latinoamericana verdadera, la novela total latinoamericana, la que es válida en cualquier país de América Latina a pesar de diferencias políticas, sociales, económicas, históricas...

MARIO VARGAS LLOSA
Me parece muy estimulante esa idea tuya. Ahora, en esa novela total, que estarían escribiendo todos los novelistas latinoamericanos, que representaría la realidad total latinoamericana, ¿tú crees que debe también tener cabida de alguna manera esa parte de la realidad que es la irrealidad y en la que se mueve precisamente Borges con gran maestría? ¿Tú no crees que Borges está, de alguna manera, describiendo, mostrando la irrealidad argentina, la irrealidad latinoamericana? ¿Y que esa irrealidad es también una dimensión, un nivel, un estado de esa realidad total que es el dominio de la literatura? Te hago esta pregunta porque yo siempre he tenido problemas para justificar mi admiración por Borges.

Gabriel García Márquez

Ah, yo no tengo ningún problema para justificar mi admiración. Le tengo una gran admiración, lo leo todas las noches. Vengo de Buenos Aires con las *Obras completas* de Borges. Me las llevo en la maleta, las voy a leer todos los días, y es un escritor que detesto... Pero en cambio, me encanta el violín que usa para expresar sus cosas. Es decir, lo necesitamos para la exploración del lenguaje, que es otro problema muy serio. Yo creo que la irrealidad en Borges es falsa también; no es la irrealidad de América Latina. Aquí entramos en paradojas: la irrealidad de América Latina es una cosa tan real y cotidiana que está totalmente confundida con lo que se entiende por realidad.

Mario Vargas Llosa

Bueno, vamos ahora un poco a un dominio que está al margen de la literatura pero que tiene también relación con ella: el dominio histórico. Sobre todo, en nuestros países creo que eso preocupa mucho a los lectores, a los estudiantes, a los críticos. Las relaciones que existen entre la actitud literaria de los escritores y su actitud política. Se piensa que el escritor tiene una responsabilidad ante su sociedad que debe traducirse no solo en obras, en obras escritas, sino también en actitudes de tipo político. A mí me gustaría que tú explicaras tu posición personal respecto a este problema. La relación que existe entre tu actitud literaria y tu actitud política.

GABRIEL GARCÍA MÁRQUEZ
Bueno, antes que todo yo creo que el principal deber político de un escritor es escribir bien. No solo escribir bien en cuanto a escribir en una prosa correcta y brillante, sino escribir bien, ya no digo escribir sinceramente, sino de acuerdo con sus convicciones. A mí me parece que al escritor no hay que exigirle concretamente que sea un militante político en sus libros, como al zapatero no se le pide que sus zapatos tengan contenido político. Me doy cuenta de que el ejemplo es bastante superficial, pero lo que te quiero decir es que no es correcto pedirle al escritor que convierta su literatura en un arma política, porque en realidad si el escritor tiene una formación ideológica y una posición política, como creo que yo las tengo, eso está implicado necesariamente en la obra. A mí me sorprendió mucho, por ejemplo, que Torre Nilsson, en Buenos Aires, me dijera que *Cien años de soledad* era una novela hermosa pero que desgraciadamente era una novela reaccionaria.

MARIO VARGAS LLOSA
¿Por qué dijo eso?

GABRIEL GARCÍA MÁRQUEZ
No logró explicarme, pero soltó algo así como: «En este momento, sobre todo en América Latina, tenemos tantos problemas, todo es tan horrible, que me parece que el solo hecho de hacer una no-

vela hermosa ya es reaccionario». Yo quedé tan preocupado que aquí vuelvo a darte un golpe bajo: ¿tú crees que sea reaccionaria *Cien años de soledad*?

MARIO VARGAS LLOSA

No.

GABRIEL GARCÍA MÁRQUEZ

Ahora, ¿por qué no lo es? A mí me creó ya ese problema.

MARIO VARGAS LLOSA

Yo creo que en *Cien años de soledad* están descritos, objetivamente, ni siquiera indirectamente, parabólicamente como en otros libros (en Cortázar, por ejemplo), problemas fundamentales de la realidad social y política latinoamericana. Entre las preguntas que te hacía yo el otro día, había dos que se referían a todos esos episodios que trasponen en tu novela, de alguna manera, la violencia colombiana, el problema de las guerrillas, y también esos episodios que se refieren a las plantaciones de banano en Macondo. Son plantaciones que traen primero aventureros y que después traen concretamente a monopolios extranjeros, que alienan la vida de la población.

GABRIEL GARCÍA MÁRQUEZ

¿Entonces tú crees que este libro y todos los que estamos escribiendo en este momento ayudan al lector a comprender la realidad política y social de América Latina?

MARIO VARGAS LLOSA
Yo lo que creo es que toda buena literatura es irremediablemente progresista, pero con omisión de las intenciones del autor. Un escritor con una mentalidad como la de Borges, por ejemplo, profundamente conservadora, profundamente reaccionaria, en cuanto creador no es un reaccionario, no es un conservador; yo no encuentro en la obra de Borges (aunque sí en esos manifiestos que firma él) nada que proponga una concepción reaccionaria de la sociedad, de la historia, una visión inmovilista del mundo, una visión, en fin, que exalte, digamos, el fascismo o cosas que él admira como el imperialismo. Yo no encuentro nada de eso...

GABRIEL GARCÍA MÁRQUEZ
No, porque es que se evade inclusive de sus propias convicciones...

MARIO VARGAS LLOSA
Yo creo que todo gran escritor, aun cuando sea reaccionario, se evade de esas convicciones para describir la realidad auténticamente tal como es, y yo no creo que la realidad sea reaccionaria.

GABRIEL GARCÍA MÁRQUEZ

Sí, pero nosotros no nos evadimos de nuestras convicciones. Por ejemplo, todo el drama de las bananeras está planteado en mi novela de acuerdo con mis convicciones. El partido que yo tomo es definitivamente a favor de los obreros. Eso se ve claramente. Entonces yo creo que la gran contribución política del escritor es no evadirse ni de sus convicciones ni de la realidad, sino ayudar a que, a través de su obra, el lector entienda mejor cuál es la realidad política y social de su país o de su continente, de su sociedad, y creo que esa es una labor política positiva e importante y creo que esa es la función política del escritor. Esa y nada más, como escritor; ahora, como hombre, puede tener una militancia política y no solo puede tenerla, sino que debe tenerla, porque es una persona con audiencia y entonces debe aprovechar esa audiencia para ejercer una función política.

MARIO VARGAS LLOSA

Hay casos curiosos. Hay casos de escritores con una conducta ciudadana progresista, incluso militantes, cuyas obras dan una visión del mundo que contradice sus propias convicciones. No quiero citar casos de autores latinoamericanos que tienen una obra todavía en proceso, pero pienso en el caso de Roger Vailland, escritor con una trayectoria muy noble, muy alta, de luchador social y que ha dejado quince o dieciséis libros cuyo contenido me parece a mí esencialmente reaccionario y es indudable que esto él no pudo preverlo jamás. En el momento de escribir él obedeció, siguió ciertas obsesiones que en última instancia entraron en contradicción con sus convicciones. Esto me lleva a pensar a mí que en el momento de escribir lo que es más importante para un escritor, lo que es más auténtico, lo que lo muestra más profundamente, son no sus convicciones sino sus obsesiones.

GABRIEL GARCÍA MÁRQUEZ
Sí, desde luego, se escribe con obsesiones, pero yo creo que esas obsesiones determinan también las convicciones. Es decir, yo creo que cuando se entra en una contradicción de este tipo, hay alguna falla en alguno de los dos aspectos: o el hombre no es sincero escribiendo o no está tan convencido de sus convicciones.

MARIO VARGAS LLOSA
¿Tú no crees que ninguno de los dos elementos es más profundo que otro ni más definitivo en el momento de crear? En el caso tuyo, en el caso de *Cien años de soledad,* por ejemplo, ese libro cuyo tema te ha preocupado, obsedido tantos años, te preocupaba ¿en forma de qué?, ¿en forma de ideas, en forma de ciertas convicciones? ¿Tú querías mostrar el drama de Macondo, el drama de las guerras civiles colombianas, el drama de las

plantaciones bananeras, que trajeron matanzas y miseria a este lugar, o en realidad lo que querías mostrar o liberar de ti eran, sobre todo, ciertas anécdotas, ciertos episodios fantasmagóricos, o lo que querías liberar eran ciertos personajes cuyas siluetas se recortaban muy claras? ¿Era una ideología o un anecdotario que te impulsó a...?

GABRIEL GARCÍA MÁRQUEZ
Yo creo que esa es pregunta para críticos, porque como ya te dije, yo lo que quería era solo contar un buen cuento. Siempre tuve conciencia de estar contando un buen cuento, contándolo como yo creo que ese cuento debería ser y cuando digo «creo» ya estoy hablando de todas las verdades: políticas, sociales, literarias, todo. Yo buscaba la novela total y creo que todos nosotros en América Latina estamos buscando la novela total; y en una novela tiene que ir todo: las convicciones, obsesiones, tradiciones, leyendas; pero ahí me pierdo ya porque yo soy un mal crítico de mis propios libros; soy un poco inconsciente, porque pongo en una novela cosas que solo después trato de analizar y encuentro que están de acuerdo con mis convicciones, con mis obsesiones; lo que quiero decir es que soy absolutamente sincero y soy incapaz de engañarme a mí mismo en ningún momento y tengo la convicción de que mientras más sincero sea, más impacto y más poder de comunicación tiene la novela.

Mario Vargas Llosa

Bueno, esto me lleva un poco a eso que los franceses llaman *la petite cuisine,* «la cocinita» del escritor. Yo pienso que les puede interesar mucho aquí a los estudiantes saber cómo escribe un escritor, cuáles son los procesos que sigue en la elaboración de un libro. Hay impulsos fundamentales como el deseo de contar una historia; ahora, desde que este deseo se apodera de ti hasta el momento que sale publicado el libro, ¿qué etapas pasa, qué es lo que ocurre?

Gabriel García Márquez
Bueno, podríamos hablar de cada uno de los libros que...

Mario Vargas Llosa
Yo creo que el caso de *Cien años de soledad* sería interesante. Tú has contado en un reportaje que este libro te preocupó durante muchísimos años, pero que lo comenzaste a escribir varias veces, luego lo dejaste y que un día regresando a México de Acapulco, en media carretera, bruscamente, viste el libro con tanta claridad que hubieras podido dictarlo.

Gabriel García Márquez
Sí. Pero cuando yo hacía esta declaración me refería al aspecto puramente formal de mi libro;

es decir, lo que me creó un problema de muchos años era el tono, el lenguaje del libro. Lo que era el contenido del libro, la historia misma, la tenía redonda, la tenía completa desde muy joven. Ahora, estaba acordándome de alguien: Buñuel. Miren, voy a dar una vuelta para terminar en el mismo punto. Luis Buñuel contaba una vez que la primera idea que tuvo él de *Viridiana* fue una imagen, la imagen de una mujer bellísima, vestida de novia, pero narcotizada, con un anciano que trataba de violarla. Entonces, alrededor de esa imagen fue construyendo toda la historia. A mí me sorprendió mucho eso porque, en realidad, la primera idea que tuve yo de *Cien años de soledad* fue la imagen de un viejo llevando un niño a conocer el hielo.

MARIO VARGAS LLOSA
¿Y esta imagen parte de una experiencia personal?

GABRIEL GARCÍA MÁRQUEZ
Partía de esa obsesión que tengo yo de volver a casa de mi abuelo que me llevaba al circo. El hielo era una curiosidad del circo porque el pueblo era terriblemente caliente, donde no se conocía el hielo, y entonces el hielo venía como viene un elefante o como viene un camello; en *Cien años de soledad* aparece esa imagen del viejo llevando al niño a conocer el hielo y fíjate que el hielo está en una carpa de circo

y hay que pagar la entrada y todo. Alrededor de eso se fue construyendo el libro. En cuanto a todas las anécdotas, al contenido, al argumento, yo no tuve ningún problema: era parte de mi vida, en la que yo había estado pensando siempre; tuve simplemente el trabajo de armar todo eso y estructurarlo.

MARIO VARGAS LLOSA
Pero ¿qué problemas de lenguaje tuviste? No digo que haya una ruptura, pero creo que hay un gran enriquecimiento en lo que se refiere al lenguaje en *Cien años de soledad* en relación con el lenguaje austero, preciso, muy funcional, de tus libros anteriores.

GABRIEL GARCÍA MÁRQUEZ
Sí, salvo *La hojarasca*. *La hojarasca* fue el primer libro que yo publiqué cuando vi que no podía escribir *Cien años de soledad*. Y ahora me doy cuenta de que el verdadero antecedente de *Cien años de soledad* es *La hojarasca,* y en el camino está *El coronel no tiene quien le escriba,* están los cuentos de *Los funerales de la Mamá Grande* y está *La mala hora.*

Ahora, lo que sucede es que por esa época sucedieron cosas muy importantes en mi vida; es decir, cuando publiqué *La hojarasca* pensaba que debía seguir por ese camino, pero empezó a deteriorarse gravemente la situación política y social en Colombia, vino lo que se conoce por «la violencia colombiana» y entonces, no sé, en ese momento tomé conciencia política y me sentí solidario con este drama del país. Entonces empecé a contar un tipo de historia que era totalmente distinto del que me interesaba antes, dramas relacionados directamente con el problema social y político de Colombia en esos momentos; pero no estaba de acuerdo con la forma como lo estaban tratando otros novelistas colombianos que, prácticamente, trataban la violencia como inventario de muertos, como un documento. Yo siempre pensé que lo grave de la violencia no era la cantidad de muertos sino la terrible huella que iba dejando en la sociedad colombiana, en esos pueblos de Colombia arrasados por la muerte. Además, había una cosa que me preocupaba mucho y en eso ya hay algo de místico, lo que tenemos de místico un poco todos los escritores: me preocupaban tanto los muertos como los asesinos. Me preocupaba muchísimo la gente que era masacrada, pero también el policía que llegaba al pueblo a masacrar. Entonces me preguntaba qué había pasado por este hombre para que llegara a este punto, de ir a matar. Yo tenía una visión totalmente distinta de la violencia; mientras otros contaban el drama de cómo entraban al pueblo y violaban a las mujeres y decapitaban a los niños, yo pensaba en la gravedad social de esto y prescindía del inventario de muertos. Entonces escribí *El coronel no tiene quien le escriba,* en donde la situación del coronel y la situación del pueblo son un poco consecuencia del estado de violencia en que estaba el país y lo mismo *La mala hora,* que ocurre en un pueblo en el que se supone que ya pasó la violencia. Yo trato de mostrar cómo quedó ese pueblo cuando ya pasó la violencia y cómo no hay solución para esa violencia con los sistemas que se aplican, sino que esa violencia continuará y que en cualquier momento habrá un detonante que la desatará otra vez. Al decirte que me encontré con estos temas un poco ajenos a mí, ya te estoy confesando cosas que realmente son muy profundas para mí, que me preocupan mucho como escritor, porque yo siento que *El coronel no tiene quien le escriba,* uno de los relatos míos que ha tenido éxito antes de *Cien años de soledad,* no es un libro profundamente sincero. Es un libro construido con el propósito de tratar problemas que a mí no me interesaban profundamente, pero que consideraba que debían interesarme porque yo me sentía un escritor comprometido con ese tema. Fíjate que ni *El coronel no tiene quien le escriba,* ni *La mala hora,* ni la mayoría de los cuentos de *Los funerales de la Mamá Grande* ocurren en Macondo. Ocurren en Macondo *La hojarasca* y *Cien años de soledad,* porque yo sentí que Macondo era un mundo totalmente ajeno a esa sociedad que veía en ese momento, y me di cuenta de que esas cosas que me interesaban en ese momento no podían ser tratadas con el mismo lenguaje con que había tratado *La hojarasca* y con el que quería tratar *Cien años de soledad*. Entonces tuve que buscar un lenguaje que era el apropiado para contar estas cosas y la diferencia que tú señalas entre el lenguaje de *Cien años de soledad* y el lenguaje de estos otros libros, salvo *La hojarasca*, se debe a que el tema es totalmente distinto y yo creo que cada tema necesita el lenguaje que más le conviene y que hay que buscarlo. Yo no creo por eso que haya un enriquecimiento del lenguaje en *Cien años de soledad* en relación con los anteriores, sino que la clase de material que yo estaba tratando en *Cien años de soledad* requería un lenguaje distinto. Entonces no es que haya una ruptura. Si mañana yo encuentro otro argumento que necesita un lenguaje diferente, trabajaré para encontrar ese lenguaje, el que más le convenga para que sea más eficaz el relato.

Mario Vargas Llosa
Sí. Bueno, yo me refería a un enriquecimiento también en ese sentido, porque creo que, además, hay un enriquecimiento del lenguaje de acuerdo a la temática.

Gabriel García Márquez
Lo que yo quiero decir es que hay un enriquecimiento del lenguaje porque la temática lo exigía, porque no era la temática anterior. Lo que a mí me intriga es si los libros esos parecen escri-

tos por la misma persona que escribió *Cien años de soledad.*

MARIO VARGAS LLOSA
A mí sí me parecen, desde luego. Bueno, ahora lo que a mí me causa sorpresa es eso que acabas de decir, que los libros que están escritos entre *La hojarasca* y *Cien años de soledad* corresponden de alguna manera a otro mundo, que tienen otro contenido. Yo creo que tanto *La mala hora* como *El coronel no tiene quien le escriba* como los cuentos de *Los funerales de la Mamá Grande* están también contando aspectos parciales de la historia de Macondo, es decir, la que tú sintetizas y coronas en tu última novela. No me parece que *El coronel no tiene quien le escriba* sea un libro más comprometido que *Cien años de soledad.*

GABRIEL GARCÍA MÁRQUEZ
Sí, más comprometido conscientemente. Yo creo que ese es el error del libro y eso es lo que me molesta.

MARIO VARGAS LLOSA
Pero en *Cien años de soledad,* y tal vez más en los libros anteriores, sobre todo en *El coronel no tiene quien le escriba,* hay una serie de motivos, de temas que tú tratas, que aparecen ya tratados en la novela narrativa costumbrista latinoameri-

cana. Yo me acuerdo del gallo, del famoso gallo de *El coronel no tiene quien le escriba*. Bueno, ese es un motivo recurrente en toda la literatura costumbrista. Y ese folklore disfrazado de literatura que se hizo popular en la novela latinoamericana...

GABRIEL GARCÍA MÁRQUEZ
Es que era una forma mala de ver la realidad, de ver la misma realidad...

MARIO VARGAS LLOSA
Yo quería preguntarte esto justamente: ¿tú no eludes, no omites esos motivos que se...?

GABRIEL GARCÍA MÁRQUEZ
No, no. Es que yo creo que en el costumbrismo los elementos dados, los temas, los factores de vida que se encuentran son auténticos, pero están mal vistos. Es decir, son reales, existen, eso sí, pero están mal vistos; entonces habría que verlos con un ojo más trascendente, más a fondo y no simplemente bajo el punto de vista folklórico, que no se quedaran en el folklore.

MARIO VARGAS LLOSA
¿Qué cosa crees tú que ha quedado de toda esa literatura criollista? Concretamente te hablo de esa generación: Rómulo Gallegos, Jorge Icaza, Eustasio Rivera, Ciro Alegría, de toda esa genera-

ción que en general se puede llamar «costumbrista» o «nativista» o «criollista», ¿qué ha quedado de ellos y qué cosa ha desaparecido?

GABRIEL GARCÍA MÁRQUEZ
Yo no quisiera ser injusto. Yo creo que esa gente removió muy bien la tierra para que los que vinieron después pudiéramos sembrar más fácilmente; yo no quiero ser injusto con los abuelos.

MARIO VARGAS LLOSA
¿Tú crees que la deuda, desde el punto de vista formal, desde el punto de vista técnico que tienen los escritores latinoamericanos contemporáneos es mayor con los autores europeos, norteamericanos, que con los antiguos narradores latinoamericanos?

GABRIEL GARCÍA MÁRQUEZ
Yo creo que la deuda mayor que tenemos los nuevos novelistas es con Faulkner. Es curioso... A mí me están atribuyendo una influencia de Faulkner permanente y ahora que me doy cuenta de que son los críticos quienes me han convencido de que yo tengo una influencia de Faulkner, estoy dispuesto a rechazar esta influencia que es enteramente probable. Pero lo que me sorprende es el fenómeno general. Yo acabo de leer setenta y cinco novelas inéditas para el concurso de Primera Plana Sudamericana; son setenta y cinco novelas inéditas

de escritores latinoamericanos y es extraño encontrar una que no tenga influencia de Faulkner. Claro que en ellos se nota más porque son principiantes, está más a flor de piel, pero Faulkner está metido en toda la novelística de América Latina; y creo que..., es decir, ya esquematizando demasiado y probablemente exagerando, creo que la gran diferencia que hay entre los abuelos de que hablábamos hace un momento y nosotros, lo único distinto entre ellos y nosotros, es Faulkner; fue lo único que sucedió entre esas dos generaciones.

Mario Vargas Llosa
¿A qué atribuyes tú esta influencia invasora de Faulkner? ¿Se debe al hecho de que es el novelista más importante de la época contemporánea o simplemente a que tenía un estilo tan personal, tan llamativo, tan sugerente que ha resultado por eso mismo tan imitado?

Gabriel García Márquez
Yo creo que es el método. El método «faulkneriano» es muy eficaz para contar la realidad latinoamericana. Inconscientemente fue eso lo que descubrimos en Faulkner. Es decir, nosotros estábamos viendo esta realidad y queríamos contarla y sabíamos que el método de los europeos no servía, ni el método tradicional español; y de pronto encontramos el método «faulkneriano» adecuadísimo para contar esta realidad. En el fondo, no es

muy raro esto, porque no se me olvida que el condado Yoknapatawpha tiene riberas en el mar Caribe; así que de alguna manera Faulkner es un escritor del Caribe, de alguna manera es un escritor latinoamericano.

MARIO VARGAS LLOSA
Aparte de Faulkner y del *Amadís de Gaula* que nombraste el otro día, ¿qué otros novelistas o escritores en general te han impresionado más? ¿Qué autores has releído, por ejemplo?

GABRIEL GARCÍA MÁRQUEZ
Yo releo un libro que es muy difícil saber qué tiene que ver conmigo, pero lo leo y lo releo y me apasiona. Es *Diario del año de la peste* de Daniel Defoe. No sé qué habrá en eso, pero es una de mis obsesiones.

MARIO VARGAS LLOSA
Yo he visto que muchos críticos han señalado la influencia, que a mí me parece extraña, sorprendente, de Rabelais en lo que escribes. ¿Qué piensas tú de esa observación?

GABRIEL GARCÍA MÁRQUEZ
Yo creo que la influencia de Rabelais no está en lo que escribo yo sino en la realidad latinoamericana; la realidad latinoamericana es totalmente rabelesiana.

Mario Vargas Llosa

¿Y cómo nació Macondo? Es cierto que muchos de tus relatos no están situados en Macondo, sino en «el pueblo», ¿verdad? Pero yo no veo una diferencia fundamental entre «el pueblo» y Macondo. Yo creo que, en cierta forma, son dos nombres de una misma cosa. Bueno, ¿cómo surgió la idea de escribir sobre ese pueblo inexistente?

Gabriel García Márquez

Lo conté ayer. Fue la vez que regresé con mi madre a Aracataca, el pueblito en donde yo nací. No quiero decir que Aracataca es Macondo; para mí —no sé, espero que algún crítico lo descubra— Macondo es más bien el pasado, y bueno, como a ese pasado había que ponerle calles y casas, temperatura y gente, le puse la imagen de este pueblo caluroso, polvoriento, acabado, arruinado, con unas casas de madera, con techos de zinc, que se parecen mucho a las del sur de los Estados Unidos; un pueblo que se parece mucho a los pueblos de Faulkner, porque fue construido por la United Fruit Company. Ahora, el nombre del pueblo sale de una finca de bananos que estaba muy cerca y que se llama Macondo.

Mario Vargas Llosa

Ah, el nombre es real.

GABRIEL GARCÍA MÁRQUEZ

Sí. Pero no es un pueblo. Es una finca que se llama Macondo. Me sonó muy bien, por eso lo tomé.

MARIO VARGAS LLOSA

Ahora, hay un problema con Macondo. En tu última novela, en el capítulo final, este pueblo es arrebatado por el viento, se lo llevan los aires y desaparece. ¿Qué va a ocurrir en tus próximos libros? ¿Vas a seguir a Macondo en su vuelo por el espacio?

GABRIEL GARCÍA MÁRQUEZ

Bueno, lo que sucede es lo que decíamos ayer de la novela de caballería. Al caballero le cortan la cabeza cuantas veces lo requiere el relato, y no tengo absolutamente ningún inconveniente en volver a resucitar a Macondo y en que se me olvide que se lo llevó el viento si así lo necesito. Porque un escritor que no se contradice es un escritor dogmático, y un escritor dogmático es reaccionario, y lo único que yo no quisiera ser es reaccionario; de manera que, si mañana necesito otra vez a Macondo, vuelve Macondo tranquilamente.

MARIO VARGAS LLOSA

Ayer nos adelantaste algo de la novela que has comenzado o piensas escribir después de *Cien años de soledad, El otoño del patriarca.* ¿Podrías hablarnos de ella?

Gabriel García Márquez
Bueno, yo soy un poco supersticioso en cuanto a anticipar cosas sobre el libro que estoy escribiendo. Es decir, me da la impresión de que permitir que alguien se meta en esto ejerce una especie de maleficio, una especie de hechizo sobre los materiales que estoy trabajando; entonces, soy muy cuidadoso. Sí, la novela del dictador está bastante avanzada. En realidad, lo que quiero crear es el personaje de América Latina para el cual todo sea posible. En *Cien años de soledad* yo también buscaba el mundo dentro del cual todo fuera posible: que volaran alfombras, que subieran al cielo en cuerpo y alma, que los Aurelianos fueran a misa el miércoles de ceniza y les pusieran la cruz de ceniza y les quedase eternamente esta cruz de ceniza y la noche que los matasen a todos juntos les metieran un balazo a cada uno por la cruz de ceniza. Entonces, yo he seguido buscando un personaje que sea verdaderamente la síntesis, el gran animal mitológico de América Latina, el personaje para el cual todo es posible y me parece que fueron los grandes dictadores, pero esos dictadores primitivos, llenos de superstición y de magia, de un inmenso poder. Por eso es que quiero que tenga ciento setenta o ciento ochenta años, no sé cuántos; que su plato favorito sean los mi-

nistros de Guerra conspiradores asados y servidos con ensalada rusa.

MARIO VARGAS LLOSA
Este dictador, este patriarca de tu novela, ¿no está inspirado en los dictadores de América, no es un dictador en particular?

GABRIEL GARCÍA MÁRQUEZ
No. Mira, yo he tratado de leer en los últimos años todo lo que se ha escrito, toda la documentación que pueda haber sobre el dictador latinoamericano. Me he formado una idea de lo que es el personaje y ahora estoy tratando de que se me olvide todo lo que he leído sobre él; todas las anécdotas, todo lo que conozco, y que este dictador sea completamente distinto a los otros, pero que le quede el aspecto esencial, limpio, desnudo del personaje mitológico.

MARIO VARGAS LLOSA
Tú has adelantado que se trataba probablemente de un monólogo de este dictador.

GABRIEL GARCÍA MÁRQUEZ
Sí. El libro lo he empezado tres veces y siempre me ha fallado porque no encontraba exactamente cuál era la forma en que esta historia debía contarse. Ahora creo haberla encontrado y fue un problema, porque se me ocurrió la solución en mitad de

Cien años de soledad y me entusiasmó tanto que quería escribir un libro con una mano y el otro libro con la otra. He pensado que este dictador tiene que justificar toda su barbarie, toda su tremenda crueldad, sin que yo como narrador tenga que asumir su punto de vista. Tiene que justificarlas él mismo. Entonces he resuelto que sea el gran monólogo, el larguísimo monólogo del dictador mientras está siendo juzgado por el tribunal popular. Espero que resulte bien y nos veamos entre unos dos o tres años aquí, hablando de *El otoño del patriarca*.

MARIO VARGAS LLOSA
Bueno. Yo quisiera hacerte una última pregunta. Primero, tus libros tuvieron éxito en tu país, te hicieron conocido, admirado en Colombia, pero en realidad yo creo que *Cien años de soledad* es el libro que te ha lanzado bruscamente a la popularidad. Esto de haberte convertido así, de la noche a la mañana, en una *vedette,* en un escritor asediado, ¿en qué medida crees que puede influir en tu trabajo literario futuro?

GABRIEL GARCÍA MÁRQUEZ
Fíjate, no sé, pero me ha creado graves dificultades; yo diría que influye negativamente. El otro día pensaba que si yo hubiera sabido que con *Cien años de soledad* iba a suceder lo que está sucediendo, que se está vendiendo como pan y se lo están

devorando, si yo hubiera sabido que esto iba a suceder, lo hubiera dejado sin publicar, hubiera escrito *El otoño del patriarca* y los hubiera publicado juntos; o habría esperado tener este escrito en el momento en que el otro saliera. Porque una novela que creía yo tener tan redonda, como es *El otoño del patriarca*, ahora no sé, ya estoy dudando de ella.

MARIO VARGAS LLOSA
¿Y tú crees que de alguna manera han influido esta popularidad y este temor a las consecuencias del éxito en tu decisión de marcharte de América Latina a vivir a Europa?

GABRIEL GARCÍA MÁRQUEZ
Yo me voy a escribir a Europa sencillamente porque es más barato.

Testimonios

Fue hace años y no lo olvido

Un día que sí recuerdo muy bien, en los tres años que pasé en el Fundo Pando, fue cuando nos trepamos, a la volada, Carlos Calderón Fajardo y yo, a la tolva de la camioneta de Andrés Lacko. Los estudios de Ciencias Sociales eran bastante áridos, plagados de números y de cuadros estadísticos que, según los docentes holandeses de aquella época, les daban seriedad a esas ciencias humanas. Por esa razón, quizá, una escapada a la UNI, la Universidad Nacional de Ingeniería, nos parecía una excelente idea, sobre todo porque se trataba de escuchar a los dos escritores que hacían resplandecer, en 1967, el cielo de estrellas: Mario Vargas Llosa y Gabriel García Márquez.

Han pasado cincuenta y dos años de aquel memorable mediodía y los recuerdos no pueden ser exactos. La emoción que teníamos Carlos Calderón Fajardo y yo, sentados allá atrás y con el aire despejando cualquier sentimiento de culpa, le dan a mi memoria un aire de felicidad total. Adelante, bien sentadas, acompañaban a Andrés Kay Stubbs y Martha Maldonado. Nunca más he regresado a la UNI. Sé que quedaba lejos y sé también que siempre quedará lejos. Desde la Católica el camino debe haber sido más enrevesado, pero el tráfico, sin duda, era más ligero: había algo de campo a nuestro alrededor, la resolana primaveral del mes de septiembre debe haber sido benigna y nuestra juventud era, sin duda, clave para garantizar la plena satisfacción. Yo tenía veinte años.

La fecha la tengo clara gracias al libro de Ángel Esteban y Ana Gallego, *De Mario a Gabo:* fue el 5 de septiembre. En el libro se mencionan dos fechas, el 5 y el 7, pero estoy seguro de que solamente fue el 5, porque la segunda presentación de García Márquez iba a realizarse en el Instituto Nacional de Cultura, cerca de la iglesia de San Francisco, y García Márquez no fue. La excusa bien puede haber sido que no se sentía bien del estómago. Era una persona tímida a quien no le gustaba hablar en público, pues lo suyo era escribir, y si bien era reacio a ese tipo de eventos (se festejaba la aparición de su novela *Cien años de soledad* ese mismo año), encontrarse en la UNI, rodeado de jóvenes ávidos por escucharlo, debe haber jugado a su favor. En cambio, en el INC, también habría entre los asistentes gente mayor, seria y formal como mis padres, y todos se quedaron con los crespos hechos.

Mi recuerdo del conversatorio en la UNI es el de un acontecimiento genial, maravilloso, fluido, entretenido y muy importante para todo joven que deseaba vivir en la atmósfera de la literatura, sea leyéndola o escribiéndola. Fue allí que dijo su máxima más recordada: «Escribo para que mis amigos me quieran más», y que yo y varios hemos hecho suya. Nos dijo, así, que escribimos para estar menos solos y mejor acompañados. Para poder conversar sobre cosas que, cuando se habla, no son las mismas. Mi recuerdo de aquel 5 de septiembre de 1967 no es preciso. Está rodeado, eso sí, de un aura mágica, de unas palabras que fluían no a la manera de una entrevista, de una charla o de una conferencia, sino de una conversación de dos amigos, que se querían y respetaban. Mario Vargas Llosa es una persona competitiva, pero por esa razón es muy generoso. Gabriel García Márquez era, más bien, un conversador de palabras labradas y por eso mismo siempre le daba el sitio que su amigo debía tener. El invitado era García Márquez o los dos, eso ya no importa, y José Miguel Oviedo era la persona encargada de organizar todo el evento sin que diera la impresión de que había sido programado. Recuerdo que en algún momento se fue el sonido, como que hubo una falla eléctrica, y Gabo bromeó diciendo que ese no era precisamente el lugar para que hubiese fallas eléctricas. Hubo micro después, por supuesto, pero nuestra disposición, la de todos, todos jóvenes y atentos, era que, con o sin micro, sus palabras nos llegaban al corazón.

ABELARDO SÁNCHEZ LEÓN
Mayo de 2019

Vida y literatura[*]

En mayo de 1967 apareció esa novela deslumbrante que es *Cien años de soledad*, de Gabriel García Márquez. Eran los tiempos en que un grupo de narradores de América Latina había empezado a suscitar una creciente atención internacional, con obras que además de ser renovadoras atraían a un público lector cada vez más amplio. Este fenómeno se hizo tan notorio que recibió un nombre: el *boom* de la novela latinoamericana. Con *Cien años de soledad* García Márquez se situó de inmediato en la primera línea de los escritores del *boom*. Sin embargo, en septiembre de 1967, García Márquez era todavía un autor apenas conocido en el Perú. Así, cuando la Universidad Nacional de Ingeniería lo invitó a un diálogo público con Mario Vargas Llosa, era en este novelista peruano que se sostenía el atractivo del acto. Vargas Llosa era ya una de las figuras principales del *boom*, había publicado *La ciudad y los perros*, novela ganadora del Premio Biblioteca Breve de la editorial española

[*] Publicado originalmente bajo el título «Crónica preliminar» para la edición de *La novela en América Latina: diálogo*, que el Fondo Editorial de la UNI publicó en 2003.

Seix Barral y acababa de recibir, en Caracas, el Premio de Novela Rómulo Gallegos por *La casa verde*. El país estaba orgulloso de este narrador que a los treintaiún años había logrado fama internacional. Ya la juventud universitaria, en esos tiempos social y políticamente inquietos, seguía con interés la posición y las opiniones del combativo escritor. Así, la mañana del 5 de septiembre de 1967, los grupos de estudiantes que desde temprano se formaban en torno del auditorio de la Facultad de Arquitectura, donde tendría lugar el diálogo de los dos novelistas, esperaban la llegada de Vargas Llosa con la expectativa de cruzar unas palabras con él u obtener un autógrafo. Nadie reparó en García Márquez, que andaba por allí, pues nadie lo conocía, y a nadie se le podía ocurrir que esa persona vestida de manera casual y con aire de estudiante algo mayorcito pudiera ser el escritor extranjero invitado. No hasta que Vargas Llosa, formalmente vestido, se le acercó. A esa hora en el auditorio de la Facultad de Arquitectura no quedaba un sitio libre, siquiera para ocuparlo de pie.

Al tomar la palabra, Vargas Llosa asumió el papel de entrevistador, situando a García Márquez en el centro de la atención; a García Márquez, el oficio de escribir y la función de la literatura. Para un público mayoritariamente de futuros ingenieros era una apropiada introducción didáctica. Si bien Vargas Llosa se cuidó de personalizar la cuestión («¿Para qué crees que sirves tú como escritor?», le pregunta), García Márquez deslindó, desde el inicio, el territorio en el que se desenvolverían sus intervenciones («Me resulta un poco difícil explicar esto porque en realidad yo funciono muy poco en la teoría»). Muy poco después, el diálogo va siendo invadido por las historias con las que el escritor colombiano se apodera progresivamente del ámbito, pues se hablaba de América y «la irrealidad de América Latina es una cosa tan real y tan cotidiana que está totalmente confundida con lo que se entiende por realidad», dice García Márquez. El diálogo, que fusionaba vida y literatura, teoría y práctica, imaginación y realidad, e instruía muchísimo acerca de la novela y de los novelistas, se había ido impregnando de la magia narrativa de García Márquez y Vargas Llosa; y nadie advertía el paso del tiempo. Pero pudo lograrse mediante el compromiso con la audiencia de continuar la conversación dos días después. Dos días después, desde antes de la hora señalada, en el auditorio de la Facultad de Arquitectura no cabía un alfiler.

ABELARDO OQUENDO

Encuentro entre Mario Vargas Llosa
y Gabriel García Márquez*

Yo estuve allí. Cuando Gabriel García Márquez visitó Lima y en la Universidad Nacional de Ingeniería conversó con Mario Vargas Llosa, el 5 y el 7 de septiembre de 1967, embrujando a todos con la magia incomparable de su lenguaje habitado por el sol del Caribe. Ese dúo mayor del *boom* de la novela latinoamericana ejecutó un concierto literario como nunca he escuchado antes y después en mi existencia. Dos virtuosos del lenguaje de temperamento muy diferente, conforme lo consigna el crítico José Miguel Oviedo (gestor del evento, con el respaldo entusiasta del rector Santiago Agurto y el decano Luis Miró Quesada) en el prólogo a la primera edición de *La novela en América Latina: diálogo* (1968): «Vargas Llosa —siempre riguroso, afinado en la teorización, metódico en la polémica— y García Márquez —de humor explosivo y paradójico, de corrosiva inteligencia, furiosamente vital». Hasta en la vestimenta contrastaba la elegancia formal de Vargas Llosa, con su terno impecable, y un García Márquez, no solo sin corbata, sino con una colorida camisa propia de un cantante de cumbias y vallenatos.

* Publicado en *Luces* de *El Comercio*. Lima, 28 de abril de 2014.

En dicho diálogo Vargas Llosa se lució, pero el protagonismo le correspondió al genial colombiano, no solo porque poseía como nadie que yo haya escuchado (ni siquiera Jorge Luis Borges) el poder prometeico del lenguaje para encender la imaginación y el placer estético; sino porque nuestro genial compatriota, con una modestia y generosidad rarísimas en los grandes creadores, «asumió el papel de entrevistador, situando a García Márquez en el centro de la atención», según afirma el crítico Abelardo Oquendo.

Nunca olvidaré que la multitud, además de abarrotar el amplio auditorio de la Facultad de Arquitectura, inundó los espacios de la UNI donde se habían colocado parlantes para escuchar a los dos colosos del *boom*. Sirva esta ocasión para aclarar que García Márquez no era el escritor poco o nada conocido por el público peruano que han pretendido pintar algunos artículos dedicados al evento que comentamos, tanto en años anteriores como en estos días que se rinde justísimo homenaje a García Márquez con motivo de su fallecimiento.

Sin duda que Vargas Llosa era mucho más conocido y acababa de recibir, llenándonos de orgullo a los peruanos, el importante Premio Rómulo Gallegos, pronunciando en Caracas su discurso más famoso: «La literatura es fuego». Sin embargo, ya se expandía incontenible el éxito sin parangón, de crítica y de ventas, de *Cien años de soledad,* publicada en Buenos Aires el 30 de mayo de 1967, una primera edición que se agotó inmediatamente, sucediéndose las reediciones mes a mes. Téngase en cuenta que en agosto de ese año había sido un invitado de honor a la premiación de Vargas Llosa (ahí se conocieron en persona Mario y Gabo, aunque ya eran fervorosos corresponsales que habían elogiado *El coronel no tiene quien le escriba* y *La casa verde,* respectivamente) en Caracas; y ambos fueron ovacionados por el público y no faltó quien juzgara que la siguiente novela ganadora del Premio Rómulo Gallegos sería *Cien años de soledad,* como efectivamente lo fue en 1972.

Recordemos que en su fundamental libro *Los nuestros* (1966) ya Luis Harss incluyó a García Márquez entre los principales narradores latinoamericanos, elogiando la inédita *Cien años de soledad.* Gabo había concluido su obra maestra en agosto de 1966, pero en junio ya el famoso escritor Carlos Fuentes la había anunciado como una Biblia de América Latina. En ese mismo 1966 aparecieron adelantos de la novela en *El Espectador* (Bogotá) y la muy leída revista *Mundo Nuevo* (París). Más aún: volviendo a la UNI, su excelente revista *Amaru* (la mejor del Perú en esos años) acogió también un adelanto en enero de 1967. Nada menos.

RICARDO GONZÁLEZ VIGIL

García Márquez por Vargas Llosa[*]

Descubrimiento de un autor

Yo trabajaba en París en la radiotelevisión francesa, tenía un programa de literatura en el que comentaba los libros que aparecían en Francia y que pudieran tener interés en América Latina. En 1966 llegó un libro de un autor colombiano: *Pas de lettre pour le colonel*. Era *El coronel no tiene quien le escriba*. Me gustó mucho por su realismo tan estricto, por la descripción tan precisa de este viejo coronel que sigue reclamando una jubilación que nunca le llegará. Me impresionó mucho conocer a este escritor que se llamaba García Márquez.

Novela a cuatro manos

Alguien nos puso en contacto, no sé si yo fui el primero en escribirle o él a mí, pero tuvimos

---

[*] «García Márquez por Vargas Llosa», *El País,* Madrid, lunes 10 de julio de 2017. El artículo reproduce fragmentos de la entrevista de Carlos Granés a Mario Vargas Llosa a propósito de su amistad con Gabriel García Márquez, realizada el jueves 6 de julio de 2017 en la Universidad Complutense de Madrid.

una correspondencia bastante intensa con la que nos fuimos haciendo amigos antes de vernos las caras. En un momento surgió el proyecto de escribir una novela a cuatro manos sobre una guerra que hubo entre Perú y Colombia en la región del Amazonas. García Márquez tenía mucha más información que yo sobre la guerra, en sus cartas me contaba muchos detalles, posiblemente muy exagerados para hacerlos más divertidos y pintorescos, pero ese proyecto sobre el que intercambiamos correspondencia un buen tiempo se eclipsó. Habría sido muy difícil romper la intimidad de lo que cada uno escribía y exhibirlo frente al otro.

Amistad a primera vista

Cuando nos vimos las caras en el aeropuerto de Caracas en 1967 ya nos conocíamos y ya nos habíamos leído, pero el contacto fue inmediato, la simpatía recíproca y creo que al salir de Caracas ya éramos amigos. Y casi, casi diría que íntimos amigos. Luego estuvimos juntos en Lima, donde yo le hice una entrevista pública en la Universidad de Ingeniería, uno de los pocos diálogos públicos de García Márquez, que era bastante huraño y reacio a enfrentarse a un público. Detestaba las entrevistas públicas porque en el fondo tenía una enorme timidez, una gran reticencia a hablar de manera improvisada. Todo lo contrario a lo que era en la intimidad, un hombre enormemente locuaz, divertido, que hablaba con una gran desenvoltura.

Devotos de Faulkner

Creo que lo que más contribuyó a nuestra amistad fueron las lecturas: los dos éramos grandes admiradores de Faulkner. En esa correspondencia que intercambiamos hablábamos mucho de Faulkner, de la manera como nos había puesto en contacto con la técnica moderna, con una manera de contar sin respetar la cronología, cambiando los puntos de vista... El común denominador entre nosotros fueron esas lecturas. Él había tenido una enorme influencia de Virginia Woolf. Hablaba mucho de ella. Yo, de Sartre, a quien García Márquez creo que ni siquiera había leído. No tenía mayor interés por los existencialistas franceses, muy importantes en mi formación. Por Camus creo que sí, pero él había leído más literatura anglosajona.

Ser latinoamericanos

Al mismo tiempo los dos estábamos descubriendo que éramos escritores latinoamericanos más que peruanos o colombianos, que pertenecíamos a una patria común que hasta entonces habíamos conocido poco, con la que apenas nos habíamos identificado. La conciencia que existe hoy de América Latina como una unidad cultural prácticamente no existía cuando éramos jóvenes. Eso empezó a cambiar a partir de la Revolución cubana, el hecho central que despierta la curiosidad del mundo por América Latina. Al mismo tiempo esa curiosidad hace que se descubra que había una literatura novedosa.

Cuba y el «caso Padilla»

García Márquez ya había pasado por un proceso parecido, solo que con muchísima más discreción, de un cierto desencanto con la Revolución cubana. Él fue a Cuba para trabajar en Prensa Latina, como Plinio Apuleyo Mendoza, su gran amigo. Trabajaron ahí mientras Prensa Latina mantuvo una cierta independencia del Partido Comunista. Pero el Partido Comunista, de una manera que no trascendía a la opinión pública, se puso como blanco la captura de Prensa Latina. Cuando la captura, tanto Plinio como él son purgados. Para García Márquez supone un choque personal y político. Él guardó una enorme discreción sobre este asunto, pero cuando lo conocí, yo era un gran entusiasta de la Revolución cubana y él muy poco, incluso adoptaba una posición un poco burlona, como diciendo «¡muchachito, espérate, ya verás!». Esta era la actitud que tenía en privado, no en público. Cuando ocurre el caso Padilla en 1971 él ya no estaba en Barcelona, no sé si fue una partida temporal o definitiva, no lo recuerdo, sí recuerdo que cuando detienen a Padilla y lo llevan preso bajo acusaciones de que es agente de la CIA nosotros tuvimos una reunión en mi casa de Barcelona, con Juan y Luis Goytisolo, Castellet y con Hans Magnus Enzensberger para armar una carta de protesta por la captura de Padilla. En esa carta, que firmaron muchos intelectuales, Plinio dijo que había que poner el nombre de García Márquez y nosotros le comentamos que habría que consultarlo. Yo no podía hacerlo porque no sabía dónde estaba en aquel momento, pero Plinio decidió poner la firma igualmente. Por lo que yo supe, García Márquez protestó enérgicamente a Plinio. Yo ya no tuve contacto con él. Después de que Padilla saliera de los calabozos, tras acusarlo a él y a todos los que lo habíamos defendido de ser agentes de la CIA —algo disparatado— hicimos una segunda carta de protesta que él ya no quiso firmar. A partir de entonces la postura de García Márquez contra Cuba cambió totalmente: se acercó mucho, empezó a ir de nuevo —no había vuelto desde que lo purgaron— y a aparecer en fotos junto a Fidel Castro, a mantener esa relación que mantuvo hasta el final de gran cercanía con la Revolución cubana.

Amigo de Fidel Castro

No sé exactamente qué es lo que ocurrió, después del «caso Padilla» ya no mantuve ninguna conversación con él. La tesis de Plinio es que aunque García Márquez sabía que muchas cosas andaban mal en Cuba, él tenía la idea de que América Latina debería tener un futuro socialista y que de todas maneras, aun cuando muchas cosas no funcionaran en Cuba como debía ser, Cuba era una especie de ariete que estaba rompiendo el inmovilismo histórico de América Latina, que estar con la Revolución cubana era estar a favor del futuro socialista de América Latina. Yo soy menos optimista. Creo que García Márquez tenía un sentido muy práctico de la vida, que descubrió en ese momento fronterizo, y se dio cuenta de que era mejor para un escritor estar con Cuba que estar contra Cuba. Se libraba del baño de mugre que recibimos todos los que adoptamos una postura crítica. Si estabas con Cuba podías hacer lo que quisieras, jamás ibas a ser atacado por el enemigo verdaderamente peligroso para un escritor, que no es la derecha sino la izquierda. La izquierda es la que tiene el gran control de la vida cultural en todas partes, y de alguna manera enemistarse con Cuba, criticarla, era echarse encima un enemigo muy poderoso y además exponerse a tener que estar en cada situación tratando de explicarse, demostrando que no eras un agente de la CIA, que ni siquiera eras un reaccionario, un proimperialista. Mi impresión es que de alguna manera la amistad con Cuba, con Fidel Castro, lo vacunó contra todas esas molestias.

CIEN AÑOS DE SOLEDAD

Me deslumbró *Cien años de soledad,* me habían gustado mucho sus obras anteriores, pero leer *Cien años de soledad* fue una experiencia deslumbrante, me pareció una magnífica novela, extraordinaria. Nada más leerla escribí un artículo que se llamó «Amadís en América». En aquella época yo era un entusiasta de las novelas de caballería y me pareció que por fin América Latina había tenido su gran novela de caballería en la que prevalecía el elemento imaginario sin que desapareciera el sustrato real, histórico, social, que tenía esa mezcla insólita. Esta impresión mía fue compartida por un público muy grande. Entre otras características, *Cien años de soledad* tenía el ABC de pocas obras maestras, la capacidad de ser un libro lleno de atractivos para un lector refinado, culto y exigente o para un lector absolutamente elemental que solo sigue la anécdota y no se interesa por la lengua ni por la estructura. No solo empecé a escribir notas sobre la obra de García Márquez sino a enseñar a García Márquez. El primer curso que di fue de un semestre en Puerto

Rico. Luego en Inglaterra y finalmente en Barcelona. De esta manera, sin habérmelo propuesto, con las notas que tomé en estos cursos fue surgiendo el material que terminó en el libro *Historia de un deicidio*.

GABITO Y EL AÑO PERDIDO

García Márquez leyó *Historia de un deicidio*, sí. Me dijo que tenía el libro lleno de anotaciones y que me lo iba a dar. Nunca me lo dio. Tengo una anécdota curiosa con ese libro. Los datos biográficos me los dio él y yo le creí, pero en un viaje en barco a Europa paré en un puerto colombiano y ahí estaba toda la familia de García Márquez, entre ellos el padre, que me preguntó: «¿Y usted por qué le cambió la edad a Gabito?». «Yo no le he cambiado la edad. Es la que él me dijo», contesté. «No, usted le ha quitado un año, nació un año antes.» Cuando llego a Barcelona le conté lo que me había dicho su padre y se incomodó mucho, tanto que cambié de tema. No podía ser coquetería de García Márquez.

POETA, NO INTELECTUAL

Era enormemente divertido, contaba anécdotas maravillosamente bien, pero no era un intelectual, funcionaba más como un artista, como un poeta, no estaba en condiciones de explicar intelectualmente el enorme talento que tenía para escribir. Funcionaba a base de intuición, instinto, pálpito. Esa disposición tan extraordinaria que tenía para acertar tanto con los adjetivos, con los adverbios y sobre todo con la trama y la materia narrativa no pasaba por lo conceptual. En aquellos años en los que fuimos tan amigos yo tenía la sensación de que muchas veces él no era consciente de las cosas mágicas, milagrosas que hacía al componer sus historias.

EL OTOÑO DEL PATRIARCA

No me gustó. Quizá sea un poco exagerado decirlo así, pero me pareció una caricatura de García Márquez, como si se imitara a sí mismo. El personaje no me parece nada creíble. Los personajes de *Cien años de soledad,* al mismo tiempo que desenfrenados y más allá de lo posible, son siempre verosímiles, la novela tiene la capacidad de hacerlos verosímiles dentro de su exageración. En cambio, el personaje del dictador me pareció muy caricatural, un personaje que era como una caricatura de García Márquez. Además, me parece que la prosa no le funcionó, que en esa novela él intentó un tipo de lenguaje muy distinto al que había utilizado en las novelas anteriores y no le salió. No era una prosa que diera verosimilitud y persuasión a la historia que contaba. De todas las novelas que él ha escrito me parece la más floja.

EL PODER

García Márquez tenía una fascinación enorme por los hombres poderosos, su fascinación no solo era literaria sino también vital, un hombre capaz de cambiar las cosas por el poder que tenía le parecía una figura enormemente atractiva, fascinante. Se identificaba muchísimo con esos poderosos que habían cambiado su entorno gracias a su poder, en el buen sentido y en el mal sentido por igual. Un personaje como el Chapo Guzmán creo que le habría fascinado a García Márquez, inventar un personaje como el Chapo Guzmán o como Pablo Escobar estoy seguro de que para él sería tan absolutamente fascinante como Fidel Castro o como Torrijos.

EL FUTURO

¿Será recordado García Márquez solamente por *Cien años de soledad* o sobrevivirán también sus otros cuentos y novelas? Eso no podemos saberlo desgraciadamente, no sabemos qué va a ocurrir dentro de cincuenta años con las novelas de los escritores latinoamericanos, es imposible saberlo, hay muchos factores que intervienen en las modas literarias. Creo que lo que sí se puede decir de *Cien años de soledad* es que va a quedar, puede ser que haya largos periodos en los que se olviden de ella pero en algún momento esa obra resucitará y volverá a tener la vida que los lectores dan a un libro literario. En esa obra hay suficiente riqueza como para tener esa seguridad. Ese es el secreto de las obras maestras. Ahí están, pueden quedar enterradas pero solo provisionalmente porque en un momento dado algo hace que esas obras vuelvan a hablarle a un público y vuelvan a enriquecerlo con aquello que enriqueció en el pasado a sus lectores.

Ruptura

¿Volviste a ver a García Márquez?
No, nunca... Estamos entrando en terrenos peligrosos, creo que es el momento de poner fin a esta conversación [risas].

¿Cómo recibiste la noticia de la muerte de García Márquez?
Con pena desde luego. Es una época que se termina, como con la muerte de Cortázar o Carlos Fuentes. Eran magníficos escritores, pero fueron además grandes amigos, y lo fueron en un

momento en el que América Latina llamó la atención del mundo entero. Como escritores vivimos un periodo en el que la literatura latinoamericana era una credencial positiva. Descubrir que de pronto soy el último sobreviviente de esa generación y el último que pueda hablar en primera persona de esa experiencia es algo triste.

Entrevistas

García Márquez:
«Forjamos la Gran Novela de América»[*]
(Por ALAT)

Cien años de soledad, la última novela de García Márquez, forja en Macondo un universo mágico-mitológico-realista, que resume a América Latina, y ha tenido un inusitado éxito de crítica y público. Lanzado al primer plano literario del hemisferio, el colombiano se niega a gradaciones valorativas, y rechaza ser considerado «el mejor», como alguien señala.

AMÉRICA: CONTINENTE MÁGICO

No es cuestión de si Carpentier, Vargas Llosa, Cortázar, Carlos Fuentes o yo sea el mejor —dice—. Lo importante es que, cada cual, escribimos un capítulo de la misma novela sobre este inmenso continente. ¡Qué diablos! Hay que reconocerlo: estamos haciendo historia, como la hicieron los escritores que nos precedieron. Hemos generado el

[*] Publicada en el diario *Expreso,* Lima, viernes 8 de setiembre de 1967, p. 11. ALAT era el seudónimo del periodista, narrador y crítico teatral Alfonso La Torre (Acomayo, Cusco, 13 de octubre de 1927-Lima, 3 de diciembre de 2002).

boom literario en América Latina, traduciendo en una nueva literatura su enormidad.

Charlamos ante una mesita del bar del Crillón. García Márquez sorbe agua mineral, y su camisa intensamente amarilla, la fruición con que sus manos gesticulan ponen una nota tropical al gris invierno limeño.

Usted habla de «una nueva literatura». ¿Cómo la define respecto a Ciro Alegría, Arguedas, Gallegos, Asturias?

Todos ellos hablan sobre el indio, por ejemplo, con actitud de europeos. Presentaban el mundo mágico del indio, pero como disculpándose, como afirmando: «Esto es lo que los indios creen, no yo». Nosotros, particularmente en lo que me concierne, asumimos este mundo mágico desde adentro, lo vivimos perentoriamente. Antes se consideraba al África como el continente mágico; ahora, no. Aquí hay enormidad de todo, todos estamos locos, es la locura desmesurada. Europa ha aceptado con deslumbramiento esta actitud. Europa es un continente escrito y reescrito hasta la fatiga; ya no hay enigmas, cosas nuevas que necesitan ser dichas, como aquí.

¿Es por eso que Cien años de soledad *prefiere el mito y la leyenda a la historia, la parapsicología a la psicología?*

Claro. Lo real es también lo que uno cree. Por ejemplo, Remedios, la mujer hermosa que asciende al cielo en carne y hueso en mi novela, tiene su base histórica: la hija de una familia pudiente se fugó con un tipo; la madre, muy suelta de huesos, explicó, para salvar el honor de la familia, que su hija había sido arrebatada al cielo. Con el tiempo, esta versión se impuso. Y yo prefiero esta verdad poética a la realidad. Por otra parte, hace dos mil años que nos repiten que la Virgen ascendió al cielo en carne y hueso, y esa aseveración se ha hecho convicción. Es una «realidad». Uno creería que las historias de Cortázar son pura fantasía, que desvirtúan la «realidad»; pero basta llegar a Buenos Aires para descubrir que la ciudad está atiborrada de personajes y situaciones de Cortázar. Uno ve a la gente gesticulando sola en las calles. Están todos locos. Es la locura.

Buenos Aires está lleno de «cronopios» y «famas», apunta alguien.
Eso mismo [ríe García Márquez].

Si lo que importa es la fabulación de lo poético, ¿cómo se define el compromiso social y político del escritor?
En América no hay un solo gesto humano que no sea político. Quien lea con atención mis libros, percibirá mi actitud política. Pero, para mí, lo más importante es la literatura.

Quisiéramos un pronunciamiento suyo respecto a algo muy concreto: el gobierno colombiano acaba de cerrar el Teatro Escuela de Cali, bajo pretexto de carecer de fondos. ¿Se suma usted a la protesta continental por este atentado político a la cultura de su país?

Bueno, no quisiera que en Colombia piensen que he esperado salir para decir algo. La verdad es mucho más compleja. El gobierno de mi país ha definido su actitud: busca una estabilidad económica primero, y después verá qué se hace con la cultura. En este esfuerzo, se han cerrado varias embajadas, particularmente en la Unesco, se han liquidado agregados culturales, no se ha creado el Ministerio de Cultura, como se esperaba... Los libros no han sido rebajados...

Es decir, ¿usted está de acuerdo en que se postergue a la cultura?

Nada de eso. Estoy en total desacuerdo con tal actitud. Protesto por eso. Un gobierno debe cuidar de todos los aspectos del país, sin desplazar ninguno.

Entonces, ¿el compromiso del escritor...?

Concuerdo con Vargas Llosa: el escritor es el eterno disconforme, esté donde esté. Su obra nace del descontento. No se trata de un orden social más que otro. Cuando el orden perfecto llegue, el escritor seguirá inconforme: lo humano es infinitamente perfectible, y siempre habrá razones para la obra de un escritor.

POESÍA EN LO MÁS BAJO DEL HOMBRE

Hay algo que llama la atención en Cien años de soledad: *el tema del excremento humano. ¿Lo ha hecho buscando un contraste al lirismo y a la fantasía épica?*
¿El excremento humano?

Sí. Remedios, la mujer más hermosa, que asciende al cielo, unta el dedo en su caca, y dibuja en los muros; las sesenta bacinicas... y...
Pues, no me había dado cuenta de eso. Lo de las sesenta bacinicas es un hecho histórico. Pero nuestro excremento es parte de nosotros, es algo humano, que un escritor no puede olvidar...

En la Ilíada *o en* Rojo y negro *no hay alusión a ella...*
Comprendo lo que quiere decir. Sin duda, el *leitmotiv* de la caca, como usted dice, obedece a mi deseo de hallar un sedimento poético hasta en lo más bajo del hombre, en la m... Hay en la novela un hombre que defeca diamantes: ¿hay algo más poético y fantástico que eso? Sin embargo, es un hecho histórico: conocí a un contrabandista

que pasaba, así, diamantes. Un día lo purgaron en la aduana... y, a cada plin en la bacinica, se le encogía el corazón.

Hay otra actitud singular en su novela: la manera como se alude al sexo, al acto sexual: su tono es épico, limpio, estimulante, sin las sombras freudianas que usualmente el escritor, incluso Faulkner, solventa de manera morbosa y personal...
Es que para mí el sexo es una de las cosas más hermosas de la actividad humana. Caramba, si está referido a la perennización de la especie. Debemos liberarnos de los complejos que nos trajo España. Mi actitud es sana, jubilosa, poética, por eso no es pornográfica...

Respecto a Faulkner, ¿reconoce una influencia suya?
Hace tiempo que los críticos me han obligado a reconocer la influencia de Faulkner, aunque antes nunca lo había leído.

¿Esta actitud sobre el sexo es una nueva corriente? La novela del absurdo norteamericana se ha liberado también de los terrores freudianos y...
Tal vez, no los he leído. Sé lo que hacen, sin embargo.

El tono épico-mágico de su libro, ¿no se inscribe también en cierta corriente europea de la novela pi-

caresca? El Stiller *de Frisch,* El tambor de hojalata *y* Años de perro, *de Günter Grass...*
No sé. Tal vez. No los he leído. Sé lo que hacen, desde luego.

LA OBRA SORPRENDE AL AUTOR

Respecto a lo mítico y mágico, ¿su adhesión a la parapsicología en vez de a la psicología es deliberada?
Yo hago psicología. La parapsicología es lo que no se conoce en el hombre...

La parapsicología va camino de ser una ciencia, sin embargo.
Bueno, no sé... No quiero afirmar nada. Luego me desmiento. Un escritor que no se desmiente o se contradice es dogmático. Está j...

¿Le ha ocurrido, al releer sus libros, que no se explica cómo se le ocurrieron tales personajes o situaciones?
¿Por qué lo pregunta?

Es más por una dilucidación personal que periodística.
Ah, temía que alguien me preguntara algo por el estilo. Es verdad: no llego a entender cómo he inventado, de dónde he sacado mis personajes. Cuando comienzo un libro, no sé adónde me lle-

vará: si saldrá algo hermoso o todo se irá a la... Cuando escribí *Cien años de soledad* estaba como poseído: no le hablé a mi mujer durante tres meses, alucinado por mi tarea de crear...

Sin embargo, pese a que el libro lo sume a uno en el caos, un caos en el que está también el autor, uno termina con la sensación de que la urdimbre de la novela es perfectamente lúcida.
Porque yo tenía todo programado; tenía el árbol genealógico de los Buendía. Por otra parte, recuérdelo, es un libro que estaba ya escrito, por uno de los personajes, el gitano Melquíades.

¿De dónde sacó a Melquíades?
Algunos críticos afirman que es mi autorretrato. En el renacimiento de Melquíades estaría el ansia de perdurabilidad del autor.

Lo asombroso es que Cien años de soledad *es un libro totalmente diferente a los anteriores.*
¿No parece escrito por la misma persona?

No. Los anteriores son de una extrema simplicidad del lenguaje. En cambio, Cien años de soledad *es una experimentación verbal de una rica vehemencia de matices.*
¿De verdad? Pues, sin duda, se debe a que cada libro impone su estilo. *La mala hora* es un deliberado proceso de simplificación del lenguaje,

contra la tendencia de los anteriores novelistas de América: ante un continente desmesurado querían traducir esta grandeza con grandilocuencia retórica. Pero *La mala hora* me llevó ante el muro, a la deshidratación del lenguaje. ¿Qué podría hacer después de eso? *Cien años de soledad* es, en realidad, mi primera novela: la he trabajado siete años. Pero nunca pude, hasta el final, hallar el lenguaje adecuado. Ocurren tantas cosas en Macondo que solo una diversidad experimental del lenguaje podía hacer poéticamente real cada hecho fabuloso o sencillo... Y mi total sinceridad ha hecho el resto.

Al despedirnos, García Márquez nos pasa el brazo por el hombro y nos dice:

—Quiero tener una charla no periodística con usted. Usted es lo que se llama un «cabrón literario».

—¿Cómo?

—No se ofenda. Se dice así al que lo lee a uno al revés y al derecho. Sus preguntas sobre la caca y la parapsicología son importantes. Nos tomaremos un café, y la charla me será muy provechosa.

Gabriel García Márquez.
Su clave: la sinceridad[*]
(Por Carlos Ortega)

«Muchos años después, frente al auditorio de la Universidad de Ingeniería, el escritor García Márquez había de recordar aquella tarde remota en que su abuelo lo llevó a conocer el dromedario. Aracataca era entonces una aldea de veinte casas de barro y cañabrava construidas a la orilla de un río de aguas diáfanas que se precipitaban por un lecho de piedras pulidas, blancas y enormes como huevos prehistóricos. El mundo era tan reciente, que muchas carecían de nombre, y para mencionarlas había que señalarlas con el dedo.»

Si, poéticamente transpuesto al lenguaje que narra la historia de la mítica ciudad de Macondo, este párrafo no fuese el inicio de su obra maestra, podría narrarse así el inicio de la charla que Gabriel García Márquez sostuvo ante el abigarrado auditorio de la Universidad de Ingeniería.

Mientras el público casi levitaba, enredado y seducido por los hilos mágicos con que simplemente conversa, su diálogo con Mario Vargas Llosa se alejaba, obstinado, de los áridos límites

---

[*] Publicada en *El Comercio Gráfico,* Lima, domingo 10 de septiembre de 1967, pp. 10-11.

de la especulación teórica, de la inquietante discusión política para adentrarse, infinitamente ameno, en el alucinante mundo de este hombre que es narrador hasta cuando respira; desde su epidermis hasta la médula de los huesos. Si muchas horas antes de su presentación no hubiera estado yo con él y con Vargas y un pequeño grupo, habría supuesto tal vez que cuando menos parte del diálogo público fue preconcebido. No fue así, no podía serlo tratándose de quienes se trata. Vargas Llosa serio, riguroso, metódico, con esa preocupación permanente y sincera por la trascendencia social de la literatura asediando al colombiano, apremiándolo con un interrogatorio sagaz. García Márquez, sin evadir respuesta alguna, sin soslayar responsabilidades, narraba historias magistrales. Narró su historia; la que podría ser la historia de cualquier niño latinoamericano: solitario, condenado a espectar recluido en una patibularia silla el desfile de un mundo alienado, lleno de fantasmas, de muertos inexplicables pero aterradores, de supersticiones, bajo la vigilancia cruel de unos santos de yeso con ojos fríos y brillantes. Narró la historia de su abuelo, personaje humanísimo, sobreviviente prodigioso de una estirpe condenada a la indolencia, a la superchería, a la soledad compartida; viejo guerrero, abuelo magnífico que supo asomarse al atormentado mundo de un niño y rescatarlo narrándole viejas epopeyas, enseñándole la diferencia entre un dromedario y un camello. Narró, en fin, la historia de su hogar, de su pueblo, de sus padres, que bien podría ser la historia de nuestros hogares, de nuestros pueblos, de nuestros padres. Todo con la misma «cara de palo» con la que, según él, escribe sus novelas mientras entreteje lo verosímil y lo increíble que su memoria guarda codiciosamente de la realidad vivida y de la abrumadora fantasía con la que saturaron su infancia otros y familiares cuentistas también con «cara de palo».

En realidad, uno nunca sabe en qué momento, en qué detalle, en qué incidente o suceso la realidad que García Márquez pretende sinceramente describir en una conversación se funde, se consubstancia con el universo que permanentemente crea su imaginación. Cuando contaba su historia infantil, su vida, cuando describía su ambiente, estaba revelando a su auditorio la génesis de su novela. Entonces era difícil determinar cuáles eran los personajes conocidos o aprehendidos por el niño García Márquez y cuáles los de *Cien años de soledad;* cuál Aracataca y cuál Macondo. Y es que García Márquez es —él mismo lo confiesa— pésimo teórico y peor conferencista. Él es en todo momento y circunstancia un narrador, un narrador no solo por vocación o por destino sino por necesidad vital. «Me preocupa fundamentalmente la soledad del hombre —me dijo en una de las charlas personales que con él tuve—, pero no como concepto filosófico evidentemente reaccionario sino como problema y desafío que el hombre enfrenta y que solo resuelve la solidaridad. En Latinoamérica la soledad es una forma de alienación. Yo la resuelvo escribiendo..., lo cual también es una forma de solidaridad».

—Podríamos hablar largamente de la solidaridad, pero el asunto es que terminarían diciéndome comunista —me advierte. Gabriel García, frente a mí, solo y sin auditorio, con sus ojos vivísimos, con el cabello caóticamente crespo, con su bigote de cantante de boleros o futbolista argentino dice exactamente la misma cosa que ante su público de la Universidad de Ingeniería. (Digo *su público* porque la generosidad de Vargas Llosa —tan *vedette* literaria como él— escondido en el secundario papel de «preguntón» tanto como su sinceridad, su sencillez, su talento y los chispazos geniales del irónico humorismo que desbordan sus palabras, además, por qué no decirlo, de su fabulosa e inevitable capacidad de fantasear, lo hacen dueño y señor del público con el que juega como le viene en gana... y siempre con la misma «cara de palo».)

Pero esta vez estamos solos. Tal vez por ello, hábil e intuitivo, no me dice lo que en público —para usar sus términos— soltó: «Mis padres querían que fuese farmacéutico, yo quise ser abogado. Cuando me convencí que no servía para nada, me hice escritor».

Sabía que no me la iba a chupar y no soltó la pastilla. Confieso que junto a lo subyugante de la personalidad de García Márquez hay algo que intriga. Opto por el rodeo.

Tú has dicho (digo «tú» porque su amable familiaridad lo exige y porque además uno se siente viejo amigo suyo desde que lo conoce) que aprendiste a leer a los nueve años y que en general no te gusta leer. Francamente, no lo creo.

Es absolutamente cierto. No fui a la escuela hasta los nueve años. En cuanto a la lectura, no es totalmente cierto que no me guste. Es una pequeña exageración, pero la verdad es que cuando un libro me aburre, por más importante que sea lo dejo de inmediato y para siempre. Esto me ha servido para una cosa: tiemblo de pensar que pueda sucederles lo mismo a mis libros. Por eso trato de ser ameno.

[Me arruinó el camino, intento otro. Tengo la impresión de que García Márquez es un hombre terriblemente sincero, pero creo que ha aprendido a usar su sinceridad como arma, a utilizarla deliberada a inteligentemente. Se lo digo sin rodeos, como él, con toda sinceridad de que soy capaz. Su «cara de palo» desaparece fugazmente, se pone serio. Va a decir algo, pero se detiene. Luego dice:]

Tal vez tengas razón. Podría decirte que inventé una teoría: ante nada reacciona mejor el público que ante la sinceridad. Por eso me va bien en el trato directo, siempre. ¡Ahh!, pero, ojo: no es efectista ni calculado. Y te lo digo sinceramente.

[*Me deja con la boca abierta. Recobra su «cara de palo», diría más bien de hueso..., un hueso duro de roer. Estoy tratando de desmadejarme de sus hilitos, cuando prosigue:*]
Nunca, antes de la reunión de Caracas, hablé en público. Desde entonces me va bien. Cuando estoy ante la gente suelto una cosa a ver si aguantan. Si lo hacen, sigo tranquilamente y sigo soltando una tras otra mis cosas.

Y, ¿si no?
Entonces, me fregué. Me pongo nervioso, me sudan las manos, me siento mal y en la primera oportunidad suelto el micrófono, si lo hay, y salgo corriendo. Ya me ocurrió en Mérida. Nos metieron en un salón enorme, frío, dentro del cual volaban unos pájaros medio taimados, miles de pájaros. Cuando me tocó hablar, me di cuenta de que estábamos rodeados de militares, era nuestro público. Ya me sentía un poco mal. Solté la primera cosa: silencio absoluto. Solté la segunda, la tercera y nada. Empecé a sudar, me temblaban las rodillas, me embarullé y acabé como pude. Y los pájaros seguían volando, miles de pájaros.

Vargas Llosa había contado la historia de los pájaros de Mérida, por lo cual los recuerdos de *La mala hora,* la novela de García Márquez donde miles de pájaros invaden las casas huyendo del calor para morir en su interior, se me antojan impertinentes, aunque, de acuerdo a la descripción del atribulado conferencista, las aves de Mérida deberían haber buscado otro refugio. Pero es que con don Gabriel nunca se sabe...

A propósito, se me ocurre hablar sobre la próxima novela que García Márquez escribirá y que ya tiene concebida. «Trata sobre la soledad del poder. Es la historia de un dictador latinoamericano que termina completamente solo en un inmenso palacio donde deambulan las vacas y otros animales que se van comiendo uno a uno los lienzos, los cuadros donde están pintados para la eternidad los grandes próceres.»

¿Dónde la escribirás?
En Barcelona. No podría escribir en Colombia porque la gente me quiere mucho y no me deja trabajar. [*Curioso: lo que más febrilmente busca García Márquez es que sus amigos lo quieran. «Escribo porque es una forma de lograr que mis amigos me quieran más.»*] Pienso hacerlo en Europa porque es más barato.

¿Es importante?
Muy importante. Creo que un escritor escribe mejor cuando tiene sus necesidades y las de su familia resueltas, y puede encerrarse tranquilamente a escribir. Antes de trabajar *Cien años de soledad* entregué a mi mujer todo el dinero que teníamos y que alcanzaba para vivir unos tres meses. Me encerré por dieciocho meses ignorando

por completo lo que pasaba en el mundo. Cuando terminé me di cuenta de que por la puerta de la casa habían ido desfilando las cosas. Mi mujer había tenido que vender el televisor, la refrigeradora, los muebles...

«José Arcadio Buendía pasó los largos meses de lluvia encerrado en un cuartito que construyó en el fondo de la casa para que nadie perturbara sus experimentos... Fue en esa época en que adquirió el hábito de hablar a solas, paseándose por la casa sin hacer caso de nadie, mientras Úrsula y los niños se partían el espinazo en la huerta cuidando el plátano y la malanga, la yuca y el ñame, la ahuyama y la berenjena...»

Pese a lo que sostiene, García Márquez tuvo que pasar por penurias tremendas en París, donde vivió cercado por la más absoluta indigencia esperando, como el coronel de su novela El coronel no tiene quien le escriba, *un cheque que no podía llegar. El diario para el cual trabajaba como corresponsal fue clausurado por Rojas Pinilla. Todo esto hasta que, según Luis Harss, «todavía con agujeros en los bolsillos, se filtró en un cuarto de sirvienta en la rue d'Assas, con sirvienta y todo».*

No creo que vuelva a suceder. Cada edición de mi última novela me servirá para vivir tranquilamente un año en cualquier lugar de Europa y las ediciones de los novelistas latinoamericanos hoy se suceden rápidamente. Estamos ante un verdadero *boom* latinoamericano, pero no creo que sea solo literario sino fundamentalmente de lectores. Y trae muchas cosas consigo. El Premio Rómulo Gallegos, por ejemplo, pese a cualquier acusación de «comunismo» tendrá que entregarse por lo menos en los próximos años a escritores como Rulfo, Cortázar, Benedetti, Edwards, Donoso, Goytisolo...

¿Y García Márquez?
También, claro que sí. Y eso se debe a este *boom* de lectores.

¿O sea que...?
O sea que estoy con el socialismo.

¿Con cuál?
Pues con el socialismo, con Cuba, si se quiere. Puedo tener discrepancias, en todo caso adjetivas, pero creo en la Revolución.

¿Con guerrillas y todo, es decir el camino de la violencia?
En ese sentido no he tomado partido, no tengo las cosas muy claras.

¿Tu novela tiene ideología?
Tiene contenido.

¿Y la mistificación, la fantasía?
La realidad latinoamericana es completamente fantástica. ¿Dónde puedes encontrar las cosas que encuentras en nuestros países? ¿La alienación, la miseria, las dictaduras, la explotación extranjera no toman caracteres fantásticos?

Borges también fabula...
Pero no dice nada. Yo lo admiro, pero más que ello lo utilizo. Lo leo por pocos, me fascina su artificio idiomático, su poder de fabulación, pero tras todo ello nada encuentro.

¿Te parece vacío?
Completamente insustancial. Su obra es un bellísimo juego, pero insustancial.

¿Y la tuya?
No.

Su respuesta es rotunda. En ese momento recuerdo el diálogo final de *El coronel no tiene quien le escriba:*

«—Es un gallo que no puede perder.
»—Pero suponte que pierda.
»—Todavía faltan cuarenta y cinco días para empezar a pensar en eso —dijo el coronel.
»La mujer se desesperó.

»"Y mientras tanto qué comemos", preguntó, y agarró al coronel por el cuello de la franela. Lo sacudió con energía.

»—Dime, qué comemos.

»El coronel necesitó setenta y cinco años —los setenta y cinco años de su vida, minuto a minuto— para llegar a ese instante. Se sintió puro, explícito, invencible, en el momento de responder:

»—¡...!»

... Mientras tanto, el personaje latinoamericano simbolizado magistralmente por García Márquez, a pesar de su inmensa dignidad, de una dignidad que traspone los límites de la esperanza última, terminará comiendo lo mismo, soñando las mismas pesadillas, esperando la misma carta que no llega; o, como en *Cien años de soledad,* destruido y envilecido, si no sabe bien por qué y para qué lucha.

... Y el niño Gabriel terminó siendo un famoso escritor que escribía para que sus amigos lo quisiesen más...

Álbum fotográfico

Gabriel García Márquez y Mario Vargas Llosa en el auditorio de la Facultad de Arquitectura de la Universidad Nacional de Ingeniería. En la esquina izquierda, el poeta Emilio Adolfo Westphalen. Lima, 5 de septiembre de 1967.

Gabriel García Márquez y Mario Vargas Llosa en la UNI. Sobresale el rostro de José Miguel Oviedo. Lima, 7 de septiembre de 1967.

Gabriel García Márquez en la UNI. Lima, 7 de septiembre de 1967.

García Márquez firmando un libro en los exteriores de la Facultad de Arquitectura. Lima, 7 de septiembre de 1967.

Fernando de Szyszlo, Mercedes Barcha, Gabriel García Márquez y Patricia Llosa en la casa Agurto. Lima, 8 de septiembre de 1967.

Gabriel García Márquez y Mario Vargas Llosa en la casa Agurto. Lima, 8 de septiembre de 1967.

La despedida. Gabriel García Márquez, Mario Vargas Llosa, Martha Livelli, Mercedes Barcha y José Miguel Oviedo en el aeropuerto Jorge Chávez. Lima, 11 de septiembre de 1967.

Este libro se terminó
de imprimir en
Móstoles, Madrid,
en el mes de
marzo de 2021

«Para viajar lejos no hay mejor nave que un libro.»

EMILY DICKINSON

Gracias por tu lectura de este libro.

En **penguinlibros.club** encontrarás las mejores
recomendaciones de lectura.

Únete a nuestra comunidad y viaja con nosotros.

penguinlibros.club